CURSO DE FORMACION
TEOLOGICA EVANGELICA

VIII
Catolicismo Romano

Este curso de
«Formación Teológica Evangélica»
consta de los siguientes títulos

I. **TEOLOGÍA I**
INTRODUCCIÓN A LA TEOLOGÍA
José Grau – **Ref. 22.37.02**

II. **TEOLOGÍA II**
UN DIOS EN TRES PERSONAS
Francisco Lacueva – **Ref. 22.37.03**

III. **SOTERIOLOGÍA I**
DOCTRINAS DE LA GRACIA
Francisco Lacueva – **Ref. 22.37.04**

IV. **CRISTOLOGÍA**
LA PERSONA Y LA OBRA DE JESUCRISTO
Francisco Lacueva – **Ref. 22.37.05**

V. **SOTERIOLOGÍA II**
DOCTRINAS DE LA GRACIA
Francisco Lacueva – **Ref. 22.37.06**

VI. **ECLESIOLOGÍA**
LA IGLESIA, CUERPO DE CRISTO
Francisco Lacueva – **Ref. 22.37.07**

VII. **ESCATOLOGÍA I (Amilenial)**
ESCATOLOGÍA I, FINAL DE LOS TIEMPOS
José Grau – **Ref. 22.37.08**

VIII. **CONFESIONES CRISTIANAS**
CATOLICISMO ROMANO
Francisco Lacueva – **Ref. 22.37.09**

IX. **ESCATOLOGÍA II (Premilenial)**
ESCATOLOGÍA II
Francisco Lacueva – **Ref. 22.37.10**

X. **ÉTICA**
ETICA CRISTIANA
Francisco Lacueva – **Ref. 22.37.11**

XI. **PASTORAL**
MINISTROS DE JESUCRISTO - I
José M. Martínez – **Ref. 22.37.12**

XII. **HOMILÉTICA**
MINISTROS DE JESUCRISTO - II
José M. Martínez – **Ref. 22.37.13**

Curso de Formación Teológica Evangélica

Volumen VIII
CATOLICISMO ROMANO

por
Francisco Lacueva

editorial clie

Libros CLIE
Galvani, 113
08224 TERRASSA (Barcelona)

CATOLICISMO ROMANO

Depósito Legal: B. 1.066 - 1989
ISBN 84-7228-001-2

Impreso en los Talleres Gráficos de la M.C.E. Horeb,
E.R. nº 265 S.G. - Polígono Industrial Can Trias,
calles 5 y 8 - VILADECAVALLS (Barcelona)

Printed in Spain

INDICE DE MATERIAS

INTRODUCCION   13

PARTE PRIMERA:
DOCTRINAS SOBRE LA IGLESIA

*Lección 1.ª   La diferencia básica entre Roma y
la Reforma.*   1. La raíz del problema.   2. Dos
diferentes maneras de concebir la aplicación
de la Redención   19

*Lección 2.ª   La incorporación a la Iglesia en or-
den a la salvación.*   1. Membresía de la Iglesia.
2. Necesidad de la Iglesia para la salvación .   24

*Lección 3.ª   Obstáculos de orden subjetivo que
hacen difícil salir de Roma*   29

Lección 4.ª   Las estructuras de la Iglesia. 1).
1. La jerarquía institucional. 2. El Papa .   34

Lección 5.ª   Las estructuras de la Iglesia. 2).
3. Los Obispos. 4. Los Presbíteros. 5. Los
Seglares   40

Lección 6.ª   Las «notas» de la Iglesia. 1. Unidad. 2. Santidad. 3. Catolicidad. 4. Apostolicidad   45

Lección 7.ª   Escritura y Tradición. 1. La Iglesia
de Roma y la Biblia. 2. El canon de los
libros inspirados. 3. Escritura y Tradición .   50

Lección 8.ª El Magisterio de la Iglesia. 1. La función docente de la Iglesia. 2. Cualificaciones dogmáticas y censuras teológicas . .   56

Lección 9.ª La Evolución Dogmática. 1. El problema. 2. Métodos de solución   61

Lección 10.ª Origen e implicaciones filosóficas del método teológico. 1. Doctrina tradicional e investigación histórica. 2. La Filosofía Dialéctica y la Evolución Dogmática. 3. El Vaticano II y la Evolución Dogmática. 4. Queda impedida toda posible apelación a las Fuentes   66

Lección 11.ª La Nueva Teología y el Humanismo. 1. La «Nueva Teología». 2. El «humanismo» de la «Nueva Teología». 3. El «universalismo» de la «Nueva Teología» . .   71

Lección 12.ª La Nueva Teología y el Modernismo Bíblico. 1. El Modernismo radical. 2. Condenación del Modernismo por Pío X. 3. La «vía media» del Modernismo existencialista .   76

Lección 13.ª La Nueva Teología y el Existencialismo. 1. El Existencialismo. 2. Crítica del Existencialismo. 3. La «Nueva Teología» y el Ecumenismo   81

PARTE SEGUNDA:
DOCTRINAS SOBRE LA VIRGEN MARIA

Lección 14.ª Actualidad de la Mariología. 1. Mariología y Ecumenismo. 2. Interés despertado en el lado protestante acerca de la Mariología. 3. Entre los católico-romanos . . .   89

Lección 15.ª La maternidad divina de María y su virginidad perpetua. 1. La maternidad de María respecto del Hijo de Dios. 2. Falsas

consecuencias de la definición de Efeso. 3.
La perpetua virginidad de María   94

*Lección 16.ª La mediación universal de María
respecto de la gracia.* 1. El paralelismo Eva-
María. 2. Un nuevo elemento prestado por
la filosofía platónica. 3. La teoría del «acueducto de las gracias». 4. ¿Qué dice la Teología moderna a este respecto?   99

*Lección 17.ª La Inmaculada Concepción de Ma-
ría.* 1. Sentido de esta doctrina. 2. Silencio
antiguo y polémica medieval. 3. La solem-
nísima definición. 4. Impecabilidad personal
de María   104

*Lección 18.ª Asunta, Corredentora y Figura de
la Iglesia.* 1. La Asunción corporal de María a los Cielos. 2. La corredención de María.
3. María, figura de la Iglesia   109

*Lección 19.ª El culto a la Virgen María y a San
José.* 1. Noción y división (católica) de culto.
2. El culto a María. 3. El culto a S. José .   115

*Lección 20.ª El culto a los «santos» y a las imá-
genes.* 1. El culto a los «santos». 2. Culto
y veneración de imágenes   120

PARTE TERCERA:
DOCTRINAS SOBRE LA SALVACION

Lección 21.ª Algunas divergencias preliminares.
1. La necesidad de la Redención. 2. La naturaleza de la sustitución hecha en el Calvario.
3. La base del mérito de Cristo en la Redención   125

Lección 22.ª Los orígenes. 1. El estado original
del hombre. 2. El pecado original. 3. El
origen del hombre   130

Lección 23.ª El pecado personal. 1. Pecado original y pecado personal. 2. Pecado actual y pecado habitual. 3. Pecado mortal y pecado venial 135

Lección 24.ª Noción y división de gracia. 1. Noción de gracia. 2. División de la gracia. 3. La moderna Teología 139

Lección 25.ª Los dos estadios del proceso de la salvación. 1. Justificación. 2. Salvación final. 3. El mérito sobrenatural. 4. Objeto del mérito. 5. La predestinación a la gloria . . . 145

Lección 26.ª Fe y Obras en la salvación. 1. Noción católico-romana de fe. 2. Ulteriores divisiones de fe. 3. Fe y obras. 4. El arrepentimiento 153

Lección 27.ª El proceso de la justificación. 1. Los pasos de la justificación. 2. Las «causas» de la justificación. 3. El Concilio de Trento y las causas de la justificación . . . 159

PARTE CUARTA: LOS SACRAMENTOS

Lección 28.ª Noción, número y eficacia de los sacramentos. 1. Noción de «sacramento». 2. Número y división de los sacramentos. 3. Eficacia de los sacramentos. 4. Naturaleza íntima de la eficacia sacramental 165

Lección 29.ª Otros aspectos genéricos de los sacramentos. 1. Ministro de los sacramentos. 2. Autor de los sacramentos. 3. El «carácter» sacramental. 4. El sistema sacramental . 170

Lección 30.ª Los sacramentos del Bautismo y de la Confirmación. 1. El Bautismo. 2. La Confirmación 174

Lección 31.ª Elementos y Partes del sacramento de la Penitencia. 1. Sentidos del término «penitencia». 2. El sacramento de la Penitencia 179

Lección 32.ª El poder de la absolución sacramental. 1. Los poderes sacerdotales. 2. Extensión de la jurisdicción personal en el confesionario. 3. Restricciones al poder de la absolución sacramental 184

Lección 33.ª La expiación suplementaria. 1. La base teológica. 2. Cómo se expía la pena temporal. 3. Las indulgencias. 4. El Purgatorio 189

Lección 34.ª El sacramento de la Eucaristía (El contenido). La presencia real de Cristo en la Eucaristía 196

Lección 35.ª El sacramento de la Eucaristía (El signo). 1. Base bíblica. 2. Elementos. 3. Necesidad de la Eucaristía. 4. Efectos de la Eucaristía. 5. La comunión bajo las dos especies 201

Lección 36.ª El Sacrificio de la Misa (Historia). 1. Antes de Trento. 2. Las definiciones de Trento. 3. Después de Trento 207

Lección 37.ª El Sacrificio de la Misa (Naturaleza). 1. Elementos. 2. Frutos. 3. Algunos detalles de especial dificultad 211

Lección 38.ª La Extrema Unción y el Orden. 1. La Extrema Unción o Unción de los enfermos. 2. El Orden. 3. El celibato eclesiástico 216

Lección 39. El sacramento del Matrimonio. 1. Sacramentalidad del matrimonio. 2. Elementos. 3. Fines del matrimonio. 4. Propiedades del matrimonio. 5. Impedimentos. 6. Los matrimonios mixtos 222

PARTE QUINTA:
PRINCIPIOS DE TEOLOGIA MORAL

Lección 40.ª Principios generales de Moral católico-romana. 1. Un cambio radical de enfoque. 2. El «probabilismo». 3. El principio del «doble efecto» 231

Lección 41.ª Algunos puntos particulares de Moral. 1. Reserva mental. 2. Oculta compensación. 3. Codicia «moderada». 4. El «Indice de libros prohibidos». 5. La Iglesia de Roma y la libertad religiosa 237

APENDICE: Breves normas para el diálogo con católico-romanos 243

BIBLIOGRAFIA 247

INTRODUCCION

Este volumen que insertamos en nuestra serie de temas que forman el CURSO DE FORMACION EVANGELICA, contiene la ampliación de unos apuntes que sirvieron para unas lecciones dadas, durante los otoños de 1967, 1968 y 1969, a los misioneros que se preparaban para ejercer su ministerio en Sudamérica, enviados por la Sociedad Misionera de la Iglesia Anglicana.

Intentamos, con él, presentar una exposición concisa y clara, aunque suficientemente profunda, del sistema teológico de la Iglesia Católica Romana. El autor está convencido de que los evangélicos españoles necesitan con urgencia conocer mejor dicho sistema, tanto en su estructura tradicional como en sus modernas formulaciones, no sólo para saber a qué atenerse en cualquier diálogo con los católico-romanos, sino también para profundizar en sus propias convicciones y ver con claridad tanto lo que nos une como lo que nos separa. Sólo así, nuestro testimonio puede presentar defensa cuando se nos demande razón de la esperanza que hay en nosotros (v. 1.ª Pedro 3:15).

El sistema católico-romano es muy complejo y, al mismo tiempo, muy compacto, aunque de tiempo en tiempo pueda cambiar la reformulación de sus dogmas. Sólo mediante un estudio continuo y profundo (lo cual quizá sólo es posible desde dentro en la mayoría de los casos), se es capaz de llegar a las verdaderas raíces del sistema. Por esto, resulta tan difícil para la mayoría de los teólogos y polemistas evangélicos el entender claramente y describir correctamente los principios básicos de la Teología Católica.

Por otra parte, sólo desde fuera se pueden observar los fallos que, a nuestro juicio (a base de un estudio, no prejuzgado, de la palabra de Dios), se encuentran en los fundamentos mismos de dicha Teología. Los conceptos de «Iglesia única» y de «Madre Iglesia» colorean de una manera tan intensa la zona emocional de los más progresistas teólogos romanos como H. Küng, que resulta casi imposible para ellos el llevar sus actitudes críticas a sus últimas consecuencias.

Pero, al escribir desde fuera, siempre hay el peligro de presentar una «caricatura», en vez de un buen retrato, del Catolicismo Romano. Si siempre ha resultado difícil entender dicho sistema a causa de la trama filosófica donde toda su Dogmática queda entretejida, hoy aparece una nueva dificultad debida a los profundos cambios que tienen lugar en su «forma», aunque su «esencia» no haya variado, si hemos de creer al propio Küng.[1]

Esperamos que este volumen sirva a nuestros hermanos evangélicos para adquirir una información precisa sobre un tema tan importante; así como, a los «hermanos de los que nos hubimos de separar», queremos presentar aquí, con humildad y amor, con respeto y firmeza, en fin, con sincera invitación a un diálogo basado en la correcta interpretación de la palabra de Dios, una crítica constructiva de cuanto, según nuestras creencias, está todavía necesitado de reforma en su sistema, conscientes de que todos hemos de observar el principio de la Ecclesia semper Reformanda (una Iglesia en necesidad de continua reforma), por lo que tampoco tenemos a nuestras propias iglesias como inmunes al error o a la decadencia.

Dividiremos este volumen en cinco partes: 1) Doctrinas sobre la Iglesia; 2) Doctrinas sobre la Virgen María; 3)

---

1. Véase H. Küng, The Church, págs. 28-29. (Véase bibliografía.)

Doctrinas sobre la salvación; 4) Sacramentos; 5) Algunos principios básicos de Moral. Terminaremos con un breve Apéndice que contendrá algunas reglas prácticas dignas de tenerse en cuenta para el diálogo con católico-romanos.

El autor quedará agradecido por cualquier sugerencia o crítica constructiva, y estará dispuesto a responder preguntas o dar explicaciones sobre los temas aquí estudiados.

Deseo expresar aquí mi más profunda gratitud, tanto a la casa editorial Burns & Oates, *de Londres, por su permiso para copiar de los libros* A New Catechism *(Nuevo Catecismo Holandés)* y The Church, *de H. Küng, publicados por dicha Editorial, como al escritor evangélico don José Grau, por sus valiosas sugerencias y correcciones al manuscrito del autor. Especial mención requiere la «Misión Evangélica Bautista en España», bajo cuyos auspicios se está editando este* Curso de Formación Teológica Evangélica.

Parte primera

Doctrinas
sobre la Iglesia

LECCION 1.ª

LA DIFERENCIA BASICA ENTRE ROMA
Y LA REFORMA

1. La raíz del problema

Cuando un evangélico toma en sus manos un libro como *Justificación,* de H. Küng, comienza a extrañarse de que se nos llame «hermanos separados», pues la tesis de dicho libro, en cuanto atañe al desarrollo del concepto de justificación, está de acuerdo con las enseñanzas de la Reforma, al menos a primera vista. Pero este hecho, o este descubrimiento, puede llevarnos a engaño a no ser que demos la debida importancia a ciertos matices que son susceptibles de ambigüedad y que fácilmente pueden pasar desapercibidos. Hay muchos términos que sugieren una aparente coincidencia, pero un análisis más cuidado encuentra en ellos diversas acepciones según se maneje el Diccionario de la Iglesia de Roma o el nuestro. Así, pues, podemos encontrarnos con un clérigo o con un laico (es decir, seglar) ilustrado de la Iglesia Católica Romana, y hallar que coincidimos en expresiones como «hay un solo Mediador entre Dios y los hombres», «somos justificados mediante la fe», «somos salvos de pura gracia», «Cristo ofreció un solo sacrificio», sin darnos cuenta de que dichas expresiones requieren una matización ulterior que ponga en claro las profundas diferencias que todavía nos separan al interpretarlas.

No debemos olvidar que Roma y la Reforma no difieren propiamente en cuanto a la doctrina de la *Redención,* sino en cuanto a la *aplicación* de la Redención.

2. Dos diferentes maneras de concebir la aplicación de la Redención

Roma y la Reforma presentan dos diferentes vías para la aplicación de la Redención: mientras la Reforma propone una aplicación directa, inmediata y personal, colocando al individuo cara a cara frente a Dios para recibir la salvación sin intermediarios humanos, sino naciendo de nuevo por el Espíritu, salvo de pura gracia mediante la sola fe en la sangre de Cristo derramada en el Calvario, siendo alumbrado, guiado y enseñado por el Espíritu mediante la Palabra, Roma propone una necesaria mediación de la jerarquía de la Iglesia. Así la Iglesia resulta una institución jerárquicamente organizada que, mediante los sacramentos, engendra y santifica a los hombres (la organización es *madre* del organismo): la salvación inicial depende de la «regeneración bautismal»; el perdón de los pecados del ya bautizado depende necesariamente de la absolución sacramental; y el mismo mensaje salvador de la Biblia no es «dogma de fe» mientras no es garantizado por el «magisterio infalible» de la Iglesia.

La base doctrinal de esas dos diferentes maneras de enfocar la aplicación de la Redención consiste en que Roma y la Reforma sostienen dos diferentes puntos de vista en cuanto a la Encarnación y a la Escatología (o doctrina de los *novísimos* o últimas cosas), así como en cuanto a la trascendencia (santidad mayestática) de Dios y en cuanto a la condición de la naturaleza humana después de la caída original. Resumamos ambas posiciones:

A)   La doctrina católico-romana declara que:

a)   La Iglesia es la continuación de la Encarnación de Jesucristo. Es decir, así como el Verbo de Dios hecho carne llegó así a ser el Mediador entre Dios y los hombres en su visible cuerpo mortal, así también la Iglesia, como mística prolongación de Cristo, viene a ser la única visible mediadora para la aplicación de la salvación hasta que el Señor vuelva. El Vaticano II dice que «la Iglesia es en Cristo como un sacramento».[1] Esta expresión procede de los escritos de algunos modernos teólogos católico-romanos como E. Schillebeeckx, O. Semmelroth y otros. Semmelroth llama a la Iglesia «Ursakrament» (sacramento original o primordial), y la compara a una mano gigante con siete dedos (los siete sacramentos), con los que alcanza, agarra y sostiene a los hombres en orden a su salvación. Así la Iglesia es una estructura visible, como una prolongación de la naturaleza humana de Cristo, mediante la cual el Espíritu de Cristo salva a los hombres, y así es comparada al misterio de la Encarnación (teoría «encarnacional»). «Esta Iglesia, establecida y organizada en este mundo como una sociedad, subsiste en la Iglesia católica, gobernada por el sucesor de Pedro y por los Obispos en comunión con él.»[2]

b) La Iglesia es *ya* la anticipación del final Reino de Dios. Aun cuando los miembros de la Iglesia sean imperfectos y el pecado pueda hacer presa en sus más altas jerarquías, sin embargo la Iglesia *como tal* es perfectamente santa.[3]

c) Siendo la prolongación de la Encarnación y el gran sacramento de la salvación, la Iglesia es colocada (en cuanto medianera de salvación) al mismo nivel que su Esposo y Cabeza, llegando a identificarse místicamente con El. Desde esta perspectiva, Jesús («Yahweh-salva»), pierde su soberana trascendencia ante la Iglesia (en contraste con Apoc. capítulos 1-3). De aquí la suprema importancia de la función salvífica de la jerarquía sacerdotal mediante los SACRAMENTOS. Hemos de admitir que H. Küng es opuesto a este punto de vista «encarnacional», aunque se esfuerza en mantenerse de acuerdo con el Vaticano II.[4]

---

1. *Constitución Dogmática sobre la Iglesia*, p.º 1.
2. V. *Constitución Dogmática sobre la Iglesia*, p.º 8.
3. V. *Constitución Dogmática sobre la Iglesia*, p.ᵒˢ 48-51. — V. Una variante correcta de esta doctrina, desde el punto de vista evangélico en H. Bürki, EL CRISTIANO Y EL MUNDO (Barcelona-EEE-1971), pp. 33-41.
4. V. H. Küng, *The Church*, p. 237.

d)   El hombre cayó de su estado sobrenatural y perdió también sus dones preternaturales, pero no sufrió quebranto sustancial en lo que pertenece a la integridad de su pura naturaleza: poder de raciocinio, libre albedrío y todos los medios necesarios para alcanzar el fin *natural* de su vida.[5] Así, pues, es capaz de disponerse de alguna manera para la justificación, cooperar en acción simultánea con la gracia de Dios y merecer (en estado de gracia) su salvación eterna mediante BUENAS OBRAS.

B)   La Reforma, por su parte, enseña que:

a)   La salvación es algo esencialmente personal. Pertenecemos a la Iglesia *porque* somos salvos, no viceversa. El ministerio eclesial no comporta una mediación entre Cristo y los hombres, que transfiera a la jerarquía un carisma institucional por el que «quien escucha a los pastores, escucha a Cristo»[6], sino «embajada de reconciliación» (2.ª Corintios 5:20), por la que el ministro de Dios, como Juan el Bautista, apunta hacia el Cordero de Dios, no hacia sí (Juan 1:29), permaneciendo en un vértice del triángulo, mientras dirige al pecador directamente hacia Cristo, *menguando* él mismo mientras sólo Jesús *crece* (Juan 3:30).

b)   La Iglesia es juntamente *santa* y *pecadora* mientras marcha en peregrinación hacia la patria celestial. Sólo la Iglesia escatológica (final, o sea, la celestial) será perfectamente santa (Efesios 5:27; 1.ª Juan 3:2).

c)   Jesucristo nunca pierde su trascendencia (su infinita santidad e incomunicable majestad) sobre la Iglesia. El es su Juez tanto como su Salvador (V. Apocalipsis, caps. 2-3). No es la Iglesia la que engendra miembros mediante el Bautismo y la que renueva sus vidas mediante la Penitencia, sino que es el Señor el que *añade* a la Iglesia, una por una, a las personas regeneradas y salvas por el Espíritu Santo (Véase Hechos 2:41).

---

5. V. Parte Tercera, lección 22.ª
6. V. Vaticano II, *Constitución Dogmática sobre la Iglesia,* p.º 21.

d) La naturaleza humana quedó, *en sí misma,* íntimamente deteriorada por el pecado e inclinada hacia el mal, de tal manera que no puede percibir las cosas que son de Dios (V. 1.ª Corintios 2:14), ni puede obedecer la ley de Dios (V. Romanos 8:7). Por tanto, el hombre está espiritualmente *muerto* hasta que es vivificado por el Señor y hecho salvo totalmente *gratis,* de una vez por todas (V. Efesios 2:1-10).

CUESTIONARIO:

1. ¿En qué consiste la diferencia básica entre Roma y la Reforma? 2. ¿Cuáles son las respectivas vías de aplicación de la Redención. 3. ¿En qué consiste la teoría «encarnacional» de la Iglesia, y cómo ve la Reforma el papel del ministerio específico? 4. ¿Cómo ve cada una de dichas concepciones la santidad moral de la Iglesia? 5. ¿Cuál es la condición de la naturaleza humana después del pecado, tanto según Roma como según la Reforma?

LECCION 2.ª LA INCORPORACION A LA IGLESIA EN ORDEN A LA SALVACION

1. Membresía de la Iglesia

Belarmino hizo famosa la distinción entre el *cuerpo* y el *alma* de la Iglesia. Al alma (elemento invisible) pertenecen sólo los que poseen la «gracia santificante»,[7] aunque se encuentren involuntariamente fuera de la estructura visible de la Iglesia. Al cuerpo (estructura visible) pertenecen cuantos han sido válidamente bautizados con agua, profesan la fe católica, admiten los siete sacramentos y obedecen a sus legítimos pastores en comunión con el Papa. Esta membresía no se rompe por el pecado mortal, sino sólo por notoria herejía, apostasía, cisma o excomunión. Si alguien está voluntariamente fuera del cuerpo, no puede salvarse. Por otra parte, sólo perteneciendo al alma puede uno salvarse.

El Vaticano II ha preferido emplear una terminología más abierta, declarando que sólo los católicos «están plenamente incorporados a esta sociedad de la Iglesia»,[8] pero añade que cuantos «se esfuerzan por llevar una vida recta», aunque no hayan llegado todavía «a un conocimiento expreso de Dios» (¿ateos involuntarios?) están en camino del Evangelio y en conexión implícita con la Iglesia.[9] Por otra parte, todo elemento de santidad y verdad que se encuentre fuera de la estructura de la Iglesia Católica Romana es un bien que, por pertenecerle a ella, «impele hacia la unidad católica».[10] Esto

---

7. V. Parte Tercera, lección 24.ª
8. V. *Constitución Dogmática sobre la Iglesia,* p.º 14.
9. V. *Constitución Dogmática sobre la Iglesia,* p.ºs 15-16.
10. V. *Constitución Dogmática sobre la Iglesia,* p.º 8. — V. también, en el mismo sentido, la encíclica «Ecclesiam Suam» de Paulo VI.

parece implicar que toda persona de *buena voluntad,* si tiene rectitud de intención (dejándose llevar del impulso del Espíritu), ha de llegar finalmente a la «plena incorporación». La misma conclusión parece quedar implicada en el tema de las *notas* de la Iglesia, que veremos más adelante. Sin embargo, muchos teólogos católicos modernos no se atreverían a aceptar, sin más, dicha implicación.

El punto de vista reformado a este respecto es que la única Iglesia de Cristo es una realidad trascendente que subsiste en cada una de las comunidades locales que conservan las características de auténticas iglesias cristianas. De acuerdo con 1.ª Juan 2:19, sólo las personas espiritualmente regeneradas son realmente *de* la Iglesia, aunque *entre* los verdaderos miembros de iglesia puedan mezclarse personas no regeneradas, las cuales sólo *aparentemente* pertenecen a la comunidad eclesial, no siendo miembros reales, vivos, del Cuerpo de Cristo.

2. Necesidad de la Iglesia para la salvación

«Fuera de la Iglesia no hay salvación» —reza un axioma tradicional—. Cipriano de Cartago († 258) dice: «No puede tener a Dios por padre quien no tiene a la Iglesia por madre.»[11] Si la Iglesia es la congregación de todos los verdaderos creyentes, los evangélicos estamos de acuerdo en que no hay salvación fuera de ella; más aún, ello resulta una tautología, ya que sólo los salvos pertenecen realmente a la Iglesia. Pero el sentido católico-romano del axioma es que nadie puede salvarse a no ser que pertenezca, al menos por deseo implícito, a la Iglesia de Roma. Por eso hemos visto el énfasis que el Vaticano II carga sobre la «buena voluntad» como disposición para caminar por la vía de la salvación.[12]

---

11. *De Catholicae Ecclesiae Unitate, 6.*
12. Sin embargo, la Escritura nos declara que sólo la verdad *objetiva* suministra una base de salvación (V. Jn. 8:31-32), no los sentimientos *subjetivos* de la persona (V. Prov. 14:12; 16:25; 21:2).

¿Significa esto que alguien puede juzgar sinceramente que la Iglesia de Roma está equivocada y salirse de ella «de buena fe»? Aunque hay teólogos modernos que admiten esta suposición, la enseñanza oficial de la Iglesia de Roma está todavía en contra. El Vaticano I dice: «Los que han recibido la fe bajo el magisterio de la Iglesia nunca pueden tener justa causa para cambiar su fe o dudar de ella.»[13] Incluso el progresista E. Schillebeeckx dice: «Consideramos como una auténtica infidelidad el paso de un católico al protestantismo, por el hecho de que hay allí, objetivamente, un abandono de la herencia cristiana.»[14]

Tampoco el Vaticano II ha dado marcha atrás en este punto. Hemos citado ya la Constitución sobre la Iglesia. Incluso en su *Declaración sobre la Libertad Religiosa*, establece claramente que la única religión verdadera subsiste en la Iglesia Católica Romana, así que la libertad religiosa «se refiere a la inmunidad de coacción en la sociedad civil», pero «deja íntegra la doctrina tradicional católica acerca del deber moral de los hombres y de las sociedades para con la verdadera religión y la única Iglesia de Cristo».[15]

Las razones que se alegan para llamar «deserción», «alejamiento de la verdad», etc. a la salida de una persona de la Iglesia de Roma son: a) Las «notas» o marcas de la única Iglesia verdadera están patentes, según el Vaticano I, *sólo* en la Iglesia de Roma. Sólo ella es verdaderamente una, santa, católica y apostólica, de tal manera que sólo ella acredita el haber sido fundada por Cristo.[16] De ello se sigue que

No olvidemos que una buena madre puede, de «buena fe», propinar equivocadamente un veneno letal a su hijito. Pablo atestigua que sus congéneres los judíos tenían «buena fe», es decir, sincero ·celo de Dios, pero no conforme a ciencia» (Rom. 10:2). Comentando este versículo, dice J. Murray: «El celo es una cualidad neutra y puede ser el mayor de los vicios. Lo que determina su carácter ético es el objeto al que se dirige» (*On Romans*, London, 1967, II, p. 48).
13. Denzinger (ed. 32.ª), 3014. V. también 3036.
14. En *Revelación y Teología* (Trad. de A. Ortiz, Salamanca, 1968), p. 439.
15. V. p.º 1.
16. V. Denzinger, 3013-3014.

pueda calificarse de espiritualmente ciega a toda persona que desdeñando la evidencia de las notas de la única Iglesia de Cristo, se atreve a abandonarla para seguir una religión falsa o, al menos, imperfecta. b) Dios está de alguna manera obligado a ayudar con su gracia a todo el que se adhiere sinceramente a la verdad, de tal manera que no puede retirar el don de la fe (siendo la fe católica, según Roma, la *única* fe verdadera) a quien sinceramente trata de poner de su parte todo lo que puede en la esfera de la religión. Así que, quienquiera que abandona la fe católica, se presume que, en lo íntimo de su ser, ha sido infiel a la verdad y ha traicionado a Jesucristo. c) La fe es una verdad teologal, cuya autenticidad depende de que sea verdadera la creencia que se profese. Así que Dios sólo imparte su gracia para un *verdadero* acto de fe. Por tanto, Dios no puede dar su gracia para adherirse a una falsa creencia o a un *minus,* es decir, a toda otra creencia que no sea la fe católico-romana.

De acuerdo con el *Código de Derecho Canónico,* todo hereje, apóstata o cismático incurre en excomunión reservada *de modo especial* a la «Santa Sede» (Canon 2314). Durante las sesiones del Vaticano II, varios obispos propusieron que dicha excomunión no se extendiese a quienes han sido educados en el Protestantismo o en la Ortodoxia (cismáticos orientales), sino sólo a quienes desertan de la Iglesia Romana. Por supuesto, si un protestante «de siempre» se llegase a percatar de que la Iglesia Romana es la única verdadera y rehusase hacerse católico, sería un verdadero *hereje (formal,* es decir, voluntario), porque ya no podría considerársele de «buena fe». (En realidad, la proposición hecha en el Vaticano II sobraba, ya que el Código presupone la *contumacia* para incurrir en la excomunión.)

CUESTIONARIO:

1. ¿Cuál ha sido la opinión tradicional de los teólogos católicos sobre el modo de pertenecer a la Iglesia? 2. ¿Cómo se ha pronunciado el Vaticano II a este respecto? 3. ¿Cuál es el concepto reformado de membresía?   4. ¿En qué sentido admitimos que «fuera de la Iglesia no hay salvación?» 5. ¿Cuál es la enseñanza oficial de la Iglesia Romana acerca de los que abandonan la fe católica? 6. ¿Ha modificado el Vaticano II dicha postura? 7. ¿En qué razones se apoya tal actitud?

LECCION 3.ª OBSTACULOS DE ORDEN SUBJETIVO QUE HACEN DIFICIL SALIR DE ROMA

En vista de lo expuesto en la lección anterior, ya podemos percatarnos de la gran dificultad que experimenta un católico-romano (sobre todo, si está informado con suficiente profundidad acerca de sus creencias: sacerdotes, religiosos, miembros activos del Apostolado seglar, etc.) para desertar de su Iglesia, aun cuando muchos no estén de acuerdo con algunas de sus más importantes enseñanzas oficiales. Las recientes controversias sobre el celibato, los anticonceptivos, la infalibilidad papal, etc. son buena muestra de ello: gran número de clérigos y seglares han mostrado su disconformidad con las enseñanzas papales, pero sin pensar en abandonar su Iglesia. Además de otras posibles dificultades externas, los principales obstáculos de índole subjetiva (mental o emocional) son los siguientes:

A) El temor de perder la salvación eterna, al salir de la que creen ser único gran Sacramento de la salvación: «La Santa Madre Iglesia.»[17]

B) La profunda toma de conciencia de pertenecer a una Iglesia visiblemente *una,* con el marcado énfasis en la organización, a escala mundial, de una estructura aparentemente monolítica *(semper eadem* = siempre la misma), mientras que todas las demás asociaciones religiosas no-católicas aparecen a su vista como escindidas en numerosas denominaciones, cual ramas arrancadas del «tronco».

---

17. En el vol. VI de esta colección, al tratar de la *Unidad* de la Iglesia en relación con el problema de la separación, respondemos a la frecuente objeción de que a una madre no se la debe abandonar, por fea o mala que nos parezca.

Muchos lectores evangélicos del libro de F. Simons *Infalibilidad y Evidencia* o del de H. Küng *La Iglesia*, se extrañarán quizá de que, a pesar de las fuertes críticas de ambos autores sobre errores históricos y aun sobre estructuras fundamentales de la Iglesia Romana, tales autores no consideren el problema de la separación, sino que juzguen necesario el permanecer en ella.[18] Como ya hemos apuntado en el Curso

18. Las razones alegadas por H. Küng nos parecen muy débiles. Tomando como principio el que tanto su «naturaleza» (santidad) como su «contranaturaleza» (culpabilidad) pertenecen a la esencia de la Iglesia peregrina (o.c., p. 28), Küng deduce que, así como uno puede criticar ciertas medidas estatales sin pensar en cambiar su nacionalidad o ciudadanía, de la misma manera puede uno criticar a su Iglesia sin pensar en abandonarla (o.c., p. 27). La disparidad de la comparación establecida por Küng reside, a nuestro juicio, en la *radical* diferencia que existe entre el Estado y la Iglesia: El pertenecer a un Estado no implica directamente a un ciudadano en las opiniones de las autoridades o de sus conciudadanos acerca de los problemas políticos o sociales de tal Estado, mientras que la pertenencia a la Iglesia implica directamente a un creyente en las creencias fundamentales de sus comiembros, ya que la Iglesia es *esencialmente* una comunidad de *creyentes*. En cuanto a su argumento de que sólo hay *una* «Iglesia Católica», inexactamente llamada «Iglesia Romana», única que merece el apelativo de «católica» y que es conocida con este epíteto por todas las demás iglesias y asociaciones e individuos de toda índole, para todo el que enjuicia la posición católico-romana *desde fuera*, esta pretensión de Küng de identificar totalmente a la «católica» con las estructuras institucionalizadas de la Iglesia de Roma, es una falsa inducción de su punto de vista sobre la unidad visible de la Iglesia. A nuestro juicio, el concluir que la Iglesia de Roma es la única que merece el apelativo de «católica», por el hecho de que siempre haya sido llamada así por todos, es un peligroso sofisma que no hace honor a las leyes de la Historia ni de la Semántica. Basta con leer la Confesión de Fe de Westminster (típicamente Reformada) para percatarse de que los grandes Reformadores suscribieron su creencia en la Iglesia «una, santa, *católica* y apostólica», extendiéndola a todos los verdaderos creyentes y sin restringirla a una determinada organización. El hecho de que otras confesiones se refieran a la Iglesia de Roma como a la «católica» (más exactamente como a la «católico-romana», aunque a Küng le disguste el apellido) se debe a la inercia del hábito de formar epítetos y continuar usándolos aun en el caso de que no correspondan a la realidad significada por el epíteto, así como se sigue llamando a Luis XIV «el Rey Sol», aunque su luminosidad haya sido siempre muy discutible. ¿Qué van a hacer los demás cuando alguien se arroga un título en exclusiva? ¿Qué referencias suscitan las voces «Führer» o «Duce»? En cuanto al significado «católico» de la Reforma, v. J. Gonzaga, *Concilios*, I (Grand Rapids, 1965), pp. 527ss.

sobre la Iglesia, al hablar de las dimensiones de unidad y
santidad, podemos y debemos permanecer en una iglesia moralmente *imperfecta,* ya que la imperfección y el pecado son
defectos inherentes a la condición de «Iglesia peregrina»,
pero no podemos permanecer en una iglesia que juzgamos *dis-
conforme* con la palabra de Dios en materias de doctrina
fundamental o de disciplina, cuando los «dogmas» y decisiones se imponen desde arriba y el creyente individual no puede
cambiar el rumbo ni protestar con eficacia. De ahí que el
salir de una iglesia *falsa* es mantenerse de acuerdo con la
palabra de Dios y procurar la auténtica unidad cristiana.

Por otra parte, podemos argüir, desde el punto de vista
de la unidad visible, que también en la Iglesia Católica Romana se dan «denominaciones», aunque se les llame allí
«escuelas teológicas» —tomistas, molinistas, agustinienses,
escotistas, etc.—, las cuales en muchos puntos importantes,
distan entre sí tanto como las diferentes denominaciones evangélicas. Por ejemplo, en las doctrinas de la gracia divina y el
humano albedrío, los dominicanos podrían ser tildados de
hipercalvinistas, mientras que los jesuitas —en general— van
más allá del Arminianismo, rondando los límites del Semipe-
lagianismo, aunque el asentimiento incondicional que el
«dogma» requiere de ambos fuerce a los primeros a retorcer
las definiciones de Trento sobre el poder del humano albedrío
para resistir el empuje de la gracia eficaz (V. Denzinger 1525,
1554), y a los segundos obligue a rebuscadas explicaciones
del II Concilio de Orange en sus definiciones sobre la total
incapacidad del hombre caído para el bien (V. Denz 392).[19]
Ahora bien, los mismos teólogos de vanguardia de la Iglesia
Romana están ahora de acuerdo con nosotros en que el
requerir un asentimiento incondicional a «dogmas» que se
presuponen «declarados y definidos *infaliblemente»,* bajo
pena de excomunión por «herejía», comporta enormes peligros: rígida uniformidad, insinceridad y reservas mentales,
coacción impuesta a una investigación imparcial y la muerte

19. V. Parte Tercera.

de toda honesta iniciativa en la formulación teológica. Si las minorías hubiesen sido tomadas en cuenta a la hora de redactar las decisiones finales del Tridentino y del Vaticano I, no resultaría tan difícil para los teólogos católico-romanos la marcha atrás en puntos vitales para la reformulación del dogma y para el mismo diálogo ecuménico.

C)   La tergiversación de las doctrinas y de las conductas de los grandes Reformadores. Calvino, Lutero, Zuinglio, Knox, etc. han sido presentados durante cuatro siglos como inmorales, rebeldes, y aun anormales. La justificación por la fe y la imputación de la justicia de Cristo, etc. han sido también interpretadas como antibíblicas e inmorales.[19 bis] Es verdad que este clima tiende hoy a cambiar. Muchos de los modernos y competentes teólogos católico-romanos, como Küng, Jedin, Congar, y otros, se esfuerzan por enjuiciar honesta e imparcialmente las doctrinas y las personas de los Reformadores; pero todavía hoy, si se pregunta al católico medio (que no esté completamente ganado por el eclecticismo que se va imponiendo a las masas) su opinión sobre los «protestantes», es probable, en líneas generales, la siguiente respuesta: son gentes que no creen en la Virgen, ni en el Papa, ni en el Purgatorio, ni en los santos, ni en las buenas obras (alguien, incluso, añadirá: y que dicen que, con tal que se tenga fe, ya se puede hacer lo que se quiera).

D)   La popular persuasión entre los católico-romanos de que sólo motivos inconfesables pueden inducir a una persona a dejar la Iglesia de Roma: si se trata de un clérigo, es sólo porque quiere casarse; si se trata de un seglar, porque codicia dinero, está amargado, etc.

E)   Cada día abunda más entre las masas (no sólo entre los católicos) el criterio de que no se debe cambiar de religión, sino procurar vivir mejor el Evangelio en la iglesia donde uno se encuentra, o procurar adorar a Dios y servir al prójimo de acuerdo con la propia conciencia. Siguiendo

19 bis. Otra tergiversación corriente consiste en presentar al tirano Enrique VIII como uno de los reformadores.

este criterio de cómoda inmovilidad, habría que preguntar cuál debería ser la religión del español actual. ¿Es suficiente garantía para una religión el ser la «tradicional»? ¿Y cuándo llega una religión a ser «tradicional»? ¿Cuál es la tradicional en Inglaterra? ¿Es la salvación eterna un asunto de tradicionalismo colectivo?

CUESTIONARIO:

3. ¿Cuáles son los principales obstáculos internos que un católico siente para salir de su Iglesia? 2. ¿Qué opina Ud. sobre los argumentos con que H. Küng defiende su posición eclesial? 3. ¿Cómo respondería Ud. a la objeción católico-romana sobre nuestra división denominacional? 4. ¿Cuál es la objeción popular en los tiempos actuales contra un cambio de religión?

LECCION 4.ª

LAS ESTRUCTURAS DE LA IGLESIA (1)

1. La jerarquía institucional

Según la doctrina de la Reforma, en la iglesia sólo hay autoridades *divinas* (en el sentido del «ius» romano; por eso, todo lo que obliga a la iglesia es *de derecho divino):* la autoridad de Jesucristo, único Jefe, Señor, Rey, Salvador y Juez de la Iglesia; la autoridad del Espíritu Santo, único Vicario de Cristo en la Tierra (V. Juan 14:16) y único intérprete infalible de la Escritura; y las Escrituras, como única norma suprema e inapelable de fe y conducta para toda la Iglesia. Por eso, no admitimos una jerarquía institucional humana.

En cambio, la estructura de la Iglesia Romana es esencialmente jerárquica. El Vaticano II habla de la Iglesia como «pueblo de Dios» (V. *Const. Dogmática sobre la Iglesia,* pos. 9-17), en forma que podría parecer de acuerdo con nuestra fe reformada, pero inmediatamente después dedica un capítulo más largo (pos. 18-29) a «la estructura jerárquica de la Iglesia».

El término «jerarquía» significa «principado sagrado» o «autoridad que se ejerce en el dominio de las cosas sagradas». Esta jerarquía es de dos clases:

A) *Jerarquía de orden,* basada en el «sacramento del Orden», el cual confiere con el «carácter» propio de este sacramento,[20] un poder ministerial de tipo sacerdotal. Esta

---

20. V. Parte Cuarta.

jerarquía admite tres grados: obispo, presbítero y diácono. Es «dogma de fe», de acuerdo con el Tridentino (Denz. 1776), que esta jerarquía es de institución *divina*. En esta jerarquía, el Papa es un obispo como los demás.

B) *Jerarquía de jurisdicción*, basada en «legítima comisión» (uno ha de ser *enviado* —en latín «missus»— por la autoridad legítima), que confiere el poder pastoral de enseñar y gobernar. Esta jerarquía admite sólo dos grados: Papa y obispo. Los obispos sólo ejercitan legítimamente este poder en comunión con el Papa y sometidos a él, y pueden extender parte de él a los presbíteros, ya siguiendo los cauces ordenados en el Código de Derecho Canónico, ya por comisión o delegación personal.

Algunos de los pasajes bíblicos invocados son Mateo 28:19-20; Lucas 10:16; Efesios 4:11, etc.

Esta jerarquía reclama para sí la *representación* de Cristo, aunque a diverso nivel: a) en la jerarquía de *orden,* relacionada con la administración de los sacramentos, los *ministros* (**que** sirven de *manos* a Cristo) son como instrumentos de **Jesucr**isto, quien es el sacerdote o ministro *principal* de todos los sacramentos, de tal manera que es El quien realmente bautiza, confirma, absuelve, ordena, consagra los elementos, etc.[21] b) En la jerarquía de jurisdicción, el Papa y los obispos no son *instrumentos* ministeriales, sino *mensajeros* representativos, de Jesucristo, de manera que, al gobernar o enseñar, se comportarán bien o mal, de acuerdo con su sumisión al mensaje y al gobierno de Cristo (sintonía con «la gracia de estado»), excepto cuando el Papa (o los obispos todos colegialmente *con* el Papa), define algo «*ex cáthedra*».[22]

Por ejemplo, cuando un sacerdote absuelve a un pecador en el tribunal de la Penitencia, se dice que sus palabras tienen

21. Se ha llegado a presentar como expresión de ello el hecho de que, al llegar a las palabras de la consagración en la Misa, el sacerdote cesa de hablar en 3.ª persona y, usando la 1.ª, dice: «Esto es *mi* cuerpo», en vez de decir: «Esto es el cuerpo de Cristo». Esta explicación pasa por alto el hecho de que las palabras «Esto es mi cuerpo» están dentro de un contexto en el que habla Cristo mismo.
22. V. en esta misma lección, B).

eficacia divina (*«ex ópere operato»*), porque, mediante sus labios, se supone que es Jesucristo quien absuelve, pero cuando predica un sermón, sus palabras serán correctas y eficaces en la medida en que estén de acuerdo con el divino mensaje de la Palabra y vibren con el poder que sólo el Espíritu puede comunicar.

2. El Papa

De lo dicho en el punto anterior se desprende que los poderes de la Iglesia, según la doctrina oficial católico-romana, se ejercen de forma «piramidal», estando los poderes papales en el vértice superior de la pirámide. Ello se debe a que el Papa es considerado como el sucesor de San Pedro y el Vicario de Cristo en la tierra. Por ello, se le supone:

A) *Primado sobre toda la Iglesia.* La base bíblica alegada es Mateo 16:16-18 y Juan 21:15-17. La argumentación es que Cristo constituyó a Pedro como «Roca» (base de la unidad y estabilidad) de la Iglesia y le confirió el pastorado universal sobre ella.[23] Por otra parte, Pedro debía tener suce-

---

23. Como crítica, desde el punto de vista evangélico, a esta argumentación, diremos que la gran mayoría de los llamados «Padres de la Iglesia» entendieron por «Roca» la confesión, no la persona, de Pedro; es decir, Pedro como *confesor y testigo* (en representación de la Iglesia) de la divinidad de Cristo, mensaje *fundamental* del Cristianismo. Compárese este lugar con Efes. 2:20; 1 Ped. 2:5; Apoc. 21:14, así como con Hech. 4:12; 1 Cor. 3:10-12. En cuanto a las «llaves» y al poder de «atar y desatar», en el mismo pasaje, nótese el uso rabínico de dichos términos: Pedro, como los demás Apóstoles, ejerció la «llave del conocimiento» mediante la predicación del Evangelio, por la cual el hombre pecador tiene acceso a la salvación o se encierra en su propia condenación (V. Jn. 3:16-21) y la «llave de la disciplina» al admitir a, o rechazar de, la comunidad eclesial. Que estas funciones no implican una *autoridad personal* (*ius* = poder o derecho) sobre la Iglesia, queda claro por las palabras «las llaves del Reino» (no de la Iglesia) y por pasajes como Mat. 18:18; Jn. 20:21-23; Hech. 5:1-11; 8:18-24. En cuanto a Jn. 21:15-17, donde se pretende que Jesús confirió la plenitud del poder pastoral sobre toda la Iglesia a Pedro, habrían de tenerse en cuenta tanto el contexto de las tres afirmaciones, como contrapartida de las tres negaciones, como Gál. 2:6-11; 1 Ped. 5:1-4. Ello, independientemente del problema de la «sucesión apostólica» que, según el mismo Küng, no puede despacharse a la ligera.

sores, porque él había de morir, y la Iglesia es inmortal e indefectible. Siendo Pedro el primer obispo de Roma, su sucesor es el Papa.

El Vaticano I definió como «dogma»: «Si alguno dijere que el Romano Pontífice tiene sólo una función inspectora o directiva, pero no el poder completo y supremo sobre toda la Iglesia... o que tal poder no es ordinario e inmediato tanto sobre todas y cada una de las iglesias, como sobre todos y cada uno de los pastores y fieles, sea anatema» (Denzinger, 3064).[24]

Reservamos para el Curso sobre Historia de la Iglesia el estudio de las circunstancias que favorecieron el gradual desarrollo del poderío papal, tanto en el ámbito temporal como en el espiritual. Baste con decir que tal dominio culminó en la definición dogmática de Bonifacio VIII (1294-1303), en su Bula *Unam Sanctam,* de que «el estar sometido al Romano Pontífice es absolutamente necesario a toda creatura humana para salvarse» (Denz. 875).

Los modernos teólogos hablan del primado papal de muy diferente manera. Küng emplea abundantes páginas de su libro *La Iglesia* (págs. 444-480 de la edición inglesa) para esforzarse en presentar «el ministerio petrino» (como él lo llama) de una manera atractiva para los paladares de los protestantes ecumenicistas, subrayando que la función papal no está vinculada a un poder de dominación, sino a un servicio o «diakonía»; en otras palabras: es un poder moderador más bien que un «principado» sagrado, con una tarea subsidiaria más bien que un centro absorbente. No intenta Küng demostrar que el Papado es escritural, aunque lo encuentra conveniente como servicio constante a la unidad cris-

---

24. El término «ordinario» se opone aquí a «delegado». «Inmediato» significa que puede ser ejercido directamente, sin pasar por los obispos y sacerdotes. En otras palabras, el Papa sería así el obispo de cada una de las diócesis y el párroco de cada una de las feligresías, con jurisdicción *cumulativa* al lado de la de los propios pastores diocesanos y parroquiales.

tiana, y concluye afirmando: «El primado ministerial de un solo individuo no es contrario a la Escritura.»[25]

En cambio, el Vaticano II no ha difuminado la línea del Vaticano I en lo más mínimo, sino que más bien la ha enfatizado (V. *Const. Dogm. sobre la Iglesia,* pos. 18, 22 y 23, entre otros). Por si fuera poco, «de parte de una autoridad superior», el Secretario del Concilio presentó a los obispos una «nota explicativa previa» en la que se insistía en que la plenitud del poder del Romano Pontífice no podía quedar en peligro, por mucha que fuese la autoridad que el Concilio había otorgado al Colegio episcopal en los pos. 22 ss. de la misma Constitución.

B) *Maestro infalible de la verdad.* El Vaticano I definió igualmente como «dogma» que el Romano Pontífice, cuando habla *ex cathedra,* es decir, como Pastor y Doctor de toda la Cristiandad, «está en posesión de aquella infalibilidad con que el Divino Redentor quiso que Su Iglesia estuviese investida al definir una doctrina sobre la fe o las costumbres; y que, por consiguiente, tales definiciones del Romano Pontífice son irreformables por sí mismas, no por el consentimiento de la Iglesia» (Denz. 3074). Esta última frase no significa que el Papa pueda prescindir de la fe de toda la Iglesia, sino sólo que sus definiciones *ex cathedra* no necesitan ser confirmadas por un ulterior consentimiento de la Iglesia para tornarse decisivas e inapelables.

Por tanto, la infalibilidad no significa que el Papa no pueda jamás equivocarse (mucho menos, que sea impecable), ni que reciba *revelaciones* o *inspiraciones,* sino sólo que, cuando enseña como Pastor y Maestro de la Cristiandad, está *asistido* por un carisma que le previene de caer en el error. El Vaticano II ha confirmado la definición del Vaticano I, pero los teólogos actuales no están de acuerdo entre sí acerca del número y cualificación de las declaraciones pontificias

---

25. O.c., p. 462. Como evangélicos, estamos convencidos de que la idea de una cabeza papal no es conforme a la Escritura, que sólo conoce una Cabeza: Cristo.

o conciliares que son objeto preciso y notorio de tal infalibilidad. Así que tal prerrogativa resulta algún tanto ambigua y poco práctica.

Los teólogos modernos tratan de explicar la infalibilidad papal en términos de «portavoz de la Iglesia Universal», más bien que como un don *personal*. El Nuevo Catecismo Holandés dice del Papa: «Sólo puede declarar lo que la Iglesia Universal cree.»[26] Aunque, más adelante, esta afirmación queda puntualizada en concordancia con el Vaticano I: «Pero, puesto que la unión con el Papa es la piedra de toque de la unidad de la Iglesia, una declaración del Papa está seguramente llena de la verdad del Espíritu de Dios, al menos cuando afirma explícitamente (lo que ocurre muy raras veces) que lo hace infaliblemente y con la intención de obligar a todos los cristianos.»[27]

Recientemente, el obispo misionero holandés F. Simons, en su libro *Infalibilidad y Evidencia* (Trad. de J. C. Bruguer, Barcelona, 1970), niega rotundamente la infalibilidad tanto del Papa como de la Iglesia, asegurando que sólo la palabra de Dios es *infalible* y que la prerrogativa de la Iglesia no es infalibilidad, sino *fidelidad*.

CUESTIONARIO:

1. Concepto católico y reformado de autoridad en la Iglesia. 2. Jerarquía de orden y de jurisdicción. 3. Enseñanza tradicional y progresista de la Iglesia Católica acerca del primado del Papa. 4. Idem de su infalibilidad.

---

26. V. *A New Catechism*, p. 368.
27. En la p. 367, dice que «la función especial del obispo de Roma es la de Pedro: ser el principio de unidad de la Iglesia, para mantenerla una en fe y vida».

LECCION 5.ª

LAS ESTRUCTURAS DE LA IGLESIA (2)

3. Los Obispos

El Vaticano II *(Const. Dogm. sobre la Iglesia,* pos. 18 ss.) expone los poderes de los obispos e insiste en la «colegialidad» (autoridad y función corporativas) del episcopado, ya que se pretende que los obispos son los sucesores del «Colegio Apostólico». Tienen pleno poder ministerial y gobiernan la Iglesia bajo la suprema jurisdicción del Papa, cuyo primado universal en ninguna manera queda restringido por el poder del colegio episcopal, según ya vimos.

La evolución que, a partir del «presbítero» (recuérdese que esta voz griega significa «anciano», un término que implica competencia y veteranía) presidente de las asambleas cristianas primitivas, desembocó en el llamado «episcopado monárquico», tomó gran empuje gracias a Ignacio de Antioquía († 107), quien escribió: «Todos han de respetar... al obispo como representante *(typon)* que es del Padre» *(Rouet de Journel,* 49). Pero fue Cipriano de Cartago quien en su libro *De catholicae ecclesiae unitate* (escrito el año 251), habló del episcopado como vínculo principal de la unidad eclesial (V. *Rouet,* 555-557) y en su *Epístola 33,1,* escribió: «La Iglesia está fundada sobre los obispos» *(Rouet,* 571).

Durante la Edad Media, los obispos se convirtieron en señores feudales (ésta es la razón por la cual se ha usado hasta nuestros días la costumbre de doblar la rodilla ante el Papa y los obispos, al mismo tiempo que se besaba el anillo pastoral, como un residuo de la costumbre feudal).

El Vaticano II exhortó a los obispos a renunciar a privilegios temporales y a ostentar en su porte exterior la modestia y la pobreza inherentes al testimonio de la Iglesia peregrina. Van siendo ya numerosos los obispos imbuidos de esta mentalidad conciliar, aunque sus poderes espirituales parecen aumentar con la postulada y ya incipiente descentralización de la administración vaticana. Papas y Obispos suelen referirse a Lucas 10:16: «El que a vosotros oye, a Mí me oye, etc.», como soporte bíblico de una autoridad inapelable.[28]

4. Los Presbíteros

Los presbíteros, también llamados «sacerdotes de segundo orden», han sido hasta ahora los ministros más cercanos al pueblo, considerados como los guías espirituales y morales de los seglares, algo así como los *profesionales* de la religión. Cuando a un seglar católico-romano se le preguntaba sobre el fondo de una cuestión religiosa (teológica o moral), solía contestar con el Catecismo de Astete: «no me lo pregunte a mí; doctores tiene la Iglesia que le sabrán responder», o, en versión más popular, «ya se lo preguntaré al cura, que tiene la obligación de saberlo». Por contrapartida, solía escuchar el consabido: «zapatero, a tus zapatos». La ignorancia religiosa y la exaltación de la llamada «fe del carbonero» (fe en la fe de otros) han sido consecuencia de esta actitud secular.

---

28. Un análisis somero de todo el capítulo basta para percatarse de que esta frase del Señor no da pie para un carisma institucional, privilegio de unos «jerarcas», que garantice con autoridad divina las enseñanzas del Magisterio Eclesiástico. Las palabras del Señor no van dirigidas a los «Doce», sino a los 70 discípulos a quienes el Señor envió a predicar por las ciudades y aldeas circunvecinas, como precursores del Maestro. El mensaje de salvación que estos discípulos habían recibido el encargo o *misión* de predicar era el mensaje *mismo* del Salvador. Por eso, oírles a ellos era como oír a Cristo, *siempre y cuando* trasmitiesen con fidelidad Su mensaje, no su propia interpretación del mensaje, como ocurre con un funcionario de telégrafos al llevar un telegrama.

Es de justicia añadir que la nueva promoción de seglares cultos en la Iglesia de Roma son los primeros en abominar de esta pasividad de antaño por parte de la mayoría del «Pueblo de Dios», y en aspirar a una función plenamente activa del seglar en todas las esferas de la acción eclesial. Un acceso más directo a la palabra de Dios y una toma de conciencia más profunda de las responsabilidades y privilegios de su membresía están acicateando este despertar del concepto bíblico de iglesia, por el que los seglares se esfuerzan por salir de su «minoría de edad» frente a los clérigos. «*Nosotros* somos la Iglesia», me escribía a mediados del 1963 un seglar español formado en sus creencias religiosas. El desarrollo progresivo de las llamadas «Comunidades de base» puede fomentar en gran manera esta promoción del seglar (V. M. Useros, *Cristianos en comunidad,* Salamanca —Sígueme—, 1970, y A. Alonso, *Comunidades eclesiales de base,* Salamanca —Sígueme—, 1970). Este movimiento procede, a nuestro juicio, de una base bíblica, aunque en su desarrollo y tendencias puedan interferirse elementos *no* tan bíblicos.

5. Los Seglares

Aunque los *diáconos* están llamados, de acuerdo con el Vaticano II, a desempeñar un papel importante en la función ministerial de la Iglesia Católica del futuro, preferimos tratar de ellos en la Parte Cuarta (Sacramentos), pasando así a ocuparnos un poco más detenidamente del papel de los seglares.

Así como los sacerdotes, los obispos y el Papa han venido representando la llamada *Ecclesia docens* (la Iglesia Maestra), así los seglares han sido tenidos como la *Ecclesia discens* (la Iglesia Discípula). Durante muchas centurias, los seglares (tenidos como «imperfectos», ya que estaban en el «siglo») sólo contaban como «masas» pasivas de la Cristiandad. Un obispo progresista comentó irónicamente en la primera sesión del Vaticano II que los seglares católicos habían sido gente de cuatro virtudes: escuchar, obedecer, rezar y pagar. Ya hemos aludido en el punto anterior a la promoción de los seglares fomentada por el Vaticano II (muchos hablan con insistencia de la necesidad de un Vaticano III). La posición preconciliar de los seglares católicos mejor formados llegó a polarizarse en la llamada «Acción Católica», bajo Pío XI, fundada para ejercer «la participación de los seglares en el apostolado jerárquico de la Iglesia». Bajo Pío XII, surgió el «Movimiento por un Mundo Mejor», dirigido por el jesuita italiano R. Lombardi, y que ha tenido en los «Cursillos de Cristiandad» su foco de avivamiento.

Con todos estos movimientos modernos de promoción del seglar, los laicos tenían la función de «enlace» entre la «jerarquía» y el pueblo inconverso, contando como tal la masa enorme de católicos de nombre, y aun completamente indiferentes o antirreligiosos. Sus tareas consistían en informar a los párrocos del estado religioso-moral-económico-social de la feligresía y en llevar el mensaje del Evangelio y las directivas de la Iglesia a lugares donde los sacerdotes juzgaban improcedente o escandalosa su presencia: cafés, bares, deportes y otros espectáculos, talleres y oficinas, etc.

Como ya hemos dicho en el punto anterior, las «comunidades de base» han dado en esto un paso de avance *cualitativo,* al cambiar totalmente de perspectiva el concepto mismo de *iglesia local.*

CUESTIONARIO:

1. ¿Qué significa la «colegialidad episcopal», según la mente del Vaticano II? 2. ¿Cuáles son las líneas principales que ha seguido la evolución del episcopado católico-romano? 3. ¿Qué línea ha impuesto el Vaticano II? 4. ¿Qué papel ha sido atribuido por el pueblo católico a los clérigos? 5. ¿Qué circunstancias han coadyuvado a la moderna pro-

moción del seglar en la Iglesia de Roma? 6. ¿Cuál ha sido durante siglos el papel de los seglares en dicha Iglesia? 7. ¿Qué clases de movimientos del apostolado seglar han tenido lugar durante los cuarenta años inmediatamente anteriores al Concilio Vaticano II?

LECCION 6.ª LAS «NOTAS» DE LA IGLESIA

La palabra «nota» (del latín *notus* = conocido) significa aquí una señal visible que da evidencia de un hecho espiritual. Según la tradicional Teología católico-romana, las *notas* de la verdadera Iglesia, por las que podemos distinguirla con toda certeza entre todas las comunidades que se llaman a sí mismas «iglesias cristianas», son cuatro: unidad, santidad, catolicidad y apostolicidad, y sólo la Iglesia de Roma las posee. H. Küng prefiere llamarlas «dimensiones».

1. Unidad

La Iglesia de Roma, al cargar el énfasis sobre la unidad de su estructura visible (V. Vaticano II, *Const. Dogm. sobre la Iglesia*, p.º 14), reclama para sí sola esta unidad externa, ya que sólo ella está institucionalmente organizada en todo el mundo como una sola estructura visible, con los mismos «dogmas», los mismos «sacramentos», el mismo gobierno, bajo una sola cabeza: el Papa. Su Teología tradicional ha interpretado en este sentido todos los pasajes del Nuevo Testamento que se refieren a la Iglesia.[29] (Para el concepto evangélico de unidad de la Iglesia, véase el vol. 6 de esta serie teológica.)

---

29. Una desafortunada traducción de la Vulgata Latina (seguida por algunas versiones vernáculas, algunas tan poco sospechosas como la inglesa «Authorised Version») de Juan 10:16, dio pie a un infundado énfasis sobre la unidad externa de la Iglesia, al verter por «redil» (latín «ovile», inglés «fold») el griego «poímne», que significa «grey» o «rebaño» (de donde viene «con-gregación»). Otro

2. Santidad

El Vaticano II dice que, mediante la Iglesia, Cristo comunica la gracia y la verdad a todos, aunque muchos elementos de santidad y de verdad pueden encontrarse fuera de su estructura visible, si bien estos elementos le pertenecen a ella en propiedad (V. *Const. Dogm. sobre la Iglesia,* p.° 8). En 1964, en una carta pastoral, el cardenal de Sevilla, Bueno y Monreal, admitía que, entre los «hermanos separados» puede darse verdadera santidad, incluso eximia.

Los Manuales preconciliares de Teología Dogmática solían decir que sólo la Iglesia de Roma es santa, porque santos son su Fundador, sus doctrinas, sus medios de salvación y muchos de sus miembros que alcanzaron un grado tal de santidad (virtudes *heroicas),* que han merecido ser *canonizados* y, con ello, declarados dignos de imitación, veneración y culto (aptos para escuchar nuestras oraciones e interceder por nosotros ante Dios). Todavía el *Catecismo* de Trento *(Catecismo Romano o Catecismo para los párrocos),* al hablar de la santidad de la Iglesia, usa primeramente el término según el concepto bíblico de «separación» por parte de Dios para ser un «pueblo propio, peculiar» (el *peculio* de Yahweh), según 1.ª Pedro 2:9. Este concepto fue paulatinamente relegado al olvido en los Manuales, mientras se insistía en que

---

vers. del que se abusa en diversos círculos es Jn. 17:21; una interpretación correcta de este lugar nos lleva a poner por delante la unidad que cada creyente y cada iglesia ha de guardar, con Dios y con los co-miembros, en la verdad del Verbo y en el amor del Espíritu —cf. Juan 13:35; Ef. 4:15— a fin de que nuestro testimonio ante el mundo sea efectivo. Pero es Cristo, no un «jerarca» o una institución el fundamento de esta unidad. Nótese cómo en Efes. 4:4-6 no se menciona ninguna *cabeza visible* entre los siete vínculos de unidad de la Iglesia. En su comentario al Apoc. caps. 1-3 *(More than conquerors,* p. 58), W. Hendriksen hace notar que Juan vio *siete* candelabros (las 7 iglesias a las que el Espíritu dirigía sus mensajes), mientras que en el Tabernáculo había *un* solo candelabro con 7 brazos, como simbolizando que, mientras en la Antigua Alianza el Estado-Iglesia de Israel formaba por sí mismo (una nación) una unidad visible, en la Nueva Alianza las iglesias encuentran la base de su unidad en el Señor solo, quien aparece en la visión caminando entre ellas por medio de Su Espíritu.

la Iglesia *como tal* era *perfectamente santa,* a pesar de los pecados de sus miembros, como si la iglesia no fuera esencialmente «la congregación de los creyentes». El Vaticano II ha empezado el derribo de este «triunfalismo» y ha sido H. Küng quien con mejor destreza ha manejado la piqueta destructora en su libro *La Iglesia.*

3. Catolicidad

A) *Interna* o *doctrinal.* Con esto se significa que la Iglesia de Roma reclama para sí la posesión de *todo* el mensaje cristiano, mientras asegura que todas las demás confesiones quedan con un *menos.* El propio H. Küng critica al Protestantismo como «parcial»: «La fe absolutizada desplaza a la Iglesia, tal es el peligro protestante.»[30] Por eso mismo, considera que el tríptico de la Reforma («sola fide, sola gratia, sola Scriptura») es «una exageración».[31] En la misma línea, dice el Nuevo *Catecismo Holandés:* «la Iglesia Católica admite prácticamente todo lo que la Reforma cree, mientras que no sucede lo mismo viceversa.»[32] Nuestra réplica es que la Reforma trató de ajustar enteramente sus creencias a *todo* y *solo* el mensaje de la Escritura, mientras que la Iglesia de Roma ha añadido un *más* que, a nuestro juicio, la torna en «evangelio diferente» (V. Gálatas 1:6-9), aparte de que no es exacto que Roma crea *todo* lo que la Reforma cree.

B) *Externa* o *geográfica.* La Iglesia de Roma enseña que ella sola está extendida por todo el mundo como institución única y que ella sola ha recibido la comisión de hacerse discípulas a todas las gentes (Mateo 28:19). Ya hemos analizado y refutado el argumento de H. Küng de que sólo la Iglesia Católica-Romana merece el nombre de «Católica».[33]

---

30. O.c., p. 34. Una persona se salva mediante la fe sola, y pertenece a la Iglesia *por haber creído,* no vice-versa; hecho miembro de iglesia, sigue creyendo *con* sus co-miembros. No vemos por qué la *sola fe* haya de desplazar a la Iglesia, cuando *fe* se opone a *obras,* no a la predicación de la Iglesia (Rom. 10:17).
31. O.c., p. 281.
32. P. 399 (de la edición inglesa).
33. V. lección 3.ª, nota 18.

4. Apostolicidad

A) *Doctrinal*. La Iglesia de Roma enseña que sólo ella conserva y expone la totalidad del mensaje *apostólico*. A esto hemos replicado ya en el p.º 3, A).

B) *Personal*. La enseñanza de la Iglesia de Roma es que cada obispo de cada diócesis (con énfasis especial en la Sede Romana) en comunión con el Papa es el sucesor legítimo de algún Apóstol (directamente, si el primer obispo de tal diócesis fue un Apóstol; indirectamente, si fue instituido por el sucesor de un Apóstol).[34] La herejía o el cisma truncan tal sucesión, de modo que ningún hereje o cismático puede poseer, según Roma, una *legítima* sucesión apostólica (menos aún, si la cadena se ha roto por no ser *válida* la consagración episcopal).[35]

No sólo la Iglesia de Roma, sino también las Iglesias griegas separadas de Roma (la «Ortodoxia») y la Comunión Anglicana en su mayoría, mantienen este punto de vista de la sucesión apostólica *personal*. Por contrapartida, Küng sostiene con firmeza que la única sucesión apostólica digna de tenerse en cuenta es la del *mensaje:* «La función apostólica, como un todo, es única e irrepetible»; «El Nuevo Testamento es el testimonio original y fundamental de los Apóstoles, válido para la Iglesia de todos los tiempos... La sucesión apostólica se realiza únicamente cuando dicho testimonio bíblico es fielmente seguido en la predicación, en la creencia y en la conducta...»[36] Y, hablando del Papado en concreto, expresa su opinión de que hasta el año 235 es imposible trazar ninguna línea de sucesión apostólica para

---

34. Como admite Küng, los apóstoles no tuvieron sucesores, ni fueron los primeros «obispos» de ninguna iglesia local.
35. En la catedral católica de Westminster (Londres), puede verse sobre la pared izquierda una plancha de bronce, sobre la que están inscritos los nombres de los arzobispos de Canterbury; al llegar a Cranmer, se lee: «Depuesto por herejía», la línea se reanuda con R. Pole, al que sucede el actual Cardenal Heenan, no el anglicano Dr. Ramsey.
36. O.c., pp. 354, 357.

la sede romana, siendo la lista de Ireneo una «reconstrucción».[37]

CUESTIONARIO:

1. ¿Qué significa, para Roma, la expresión «notas de la Iglesia»? 2. ¿En qué se apoya para reclamar en exclusiva la nota de unidad? 3. ¿Qué significa la nota de santidad para su Teología tradicional? 4. ¿Cómo explica su «catolicidad» en exclusiva? 5. ¿Y la sucesión apostólica personal?

---

37. V. o.c., pp. 460-463.

LECCION 7.ª ESCRITURA Y TRADICION

1. La Iglesia de Roma y la Biblia

La Iglesia de Roma mantuvo siempre su enseñanza tradicional (oficialmente) de que la Biblia *es* (no sólo *contiene*, según expresión de K. Barth) la palabra de Dios, y que está inspirada *enteramente*, verbalmente,[38] por Dios. El Modernismo fue condenado por Pío X en 1907, pero en los últimos veinte años ha comenzado de nuevo a levantar cabeza y entrar solapadamente en el campo exegético y teológico de vanguardia, como puede verse en libros como el Nuevo *Catecismo Holandés*.

Pío XII, en su encíclica *Divino Afflante Spiritu* de 1943 (inspirada, si no redactada —según la voz popular— por el difunto cardenal A. Bea), animó a los exegetas católicos a estudiar los llamados «géneros literarios», esto es, los peculiares estilos semíticos de escribir (y de concebir) la historia, la poesía, etc., lo cual implica que muchas cosas que, a primera vista, aparecen en la Biblia como literalmente históricas, pueden ser consideradas como una «decoración dramática» del mensaje íntimo de la Escritura.[39]

---

38. El dominico español P. A. Colunga admitía que las palabras mismas de la Biblia están inspiradas por Dios «en cuanto aptas» para transmitir el mensaje divino. Sin embargo, conociendo los avanzados puntos de vista del P. Colunga, nos dejan perplejos sus frases sobre la inspiración verbal de la Biblia.
39. V. Denzinger, 3829-3831. En 1955, una Comisión nombrada por el Papa, dio su informe (en respuesta al Cardenal Suhard), en que se declaraba que no era ya preciso mantener un punto de vista conservador acerca de los caps. 1-11 del Génesis, mientras que tal punto de vista había sido establecido en 1902 por la Comisión Bíblica.

Este nuevo punto de vista, aparentemente inocuo, está abriendo las puertas a nuevas corrientes manifiestamente modernistas, que, siguiendo más o menos abiertamente el método de «desmitificación» (es decir, de considerar como «mitos» o fábulas dramatizadoras muchos episodios que aparecen como históricos), se esfuerzan por «ir al grano» del mensaje real mediante el desbroce de cuanto lleva el aire de lo sobrenatural, lo milagroso, lo extraordinario. Con ello se sincronizan las nuevas corrientes de humanismo y temporalismo, etc. y el progresivo alejamiento de la intervención de Dios en el mundo, en la vida y en la historia de la humanidad.[40] Si de aquí volvemos la vista a teólogos «protestantes» como J. A. T. Robinson, P. Tillich, y, más todavía, W. Hamilton, Th. Altizer y P. Van Buren, epígonos de R. Bultmann, nos percataremos de que el puente «ecuménico» bien pudiera construirse sobre las ruinas de la palabra de Dios. (V. Juan 10:35.)

De aquí la urgencia de la tarea evangelizadora entre nuestros compatriotas católico-romanos. Hasta el presente, tenemos una base común para una discusión fructífera con los católicos informados, ya que tenemos una Biblia común, puesto que van apareciendo versiones en la Iglesia de Roma suficientemente fieles a los textos originales, aunque las antiguas notas de «orientación» dogmática van siendo reemplazadas ahora, en no pocas, por otras notas de tipo liberal. Muchos católicos ilustrados siguen creyendo que la Biblia es la palabra de Dios y esperamos que el Espíritu Santo usará poderosamente esta agencia suya para darles luz y vida. Mucho nos tememos, sin embargo, que las corrientes

---

40. V. el libro *Objections to Roman Catholicism*, escrito por un grupo de católicos extremadamente progresista (incluyendo un Arzobispo). La revista holandesa «In de Rechte Straat» (en su ed. inglesa, febr. de 1969, p. 20-21) publicaba el extracto de la carta de un sacerdote holandés, que decía entre otras cosas: «¿Os diré ahora algo sobre Dios?... El hombre vulnerable, TÚ..., ése hombre es la revelación de Dios. FUERA DE ÉL NO HAY REVELACION DE DIOS... Por eso, no sigas orando directamente a dios... LA ORACION DIRECTA ES CORROMPIDA Y NARCOTICA... *¿Crees en una experiencia directa de Dios?* No existe tal cosa.»

modernísticas de los exegetas progresistas bajen rápidamente de las aulas escolares al hombre de la calle, y una vez puesta en duda la total inspiración y entera inerrancia de la Biblia, que es nuestra única correcta base de diálogo, nuestros contactos con el católico medio perderán mordiente espiritual, humanamente hablando.[40 bis]

2. El canon de los libros inspirados

Pasada la confusión que algunos de los Reformadores sufrieron acerca de ciertos libros de la Santa Biblia, todas las confesiones evangélicas difieren actualmente de la Iglesia de Roma en cuanto al reconocimiento del *canon* o lista normativa de los libros considerados como inspirados por Dios y, por tanto, integrados en el cuerpo de las Sagradas Escrituras. Mientras nosotros admitimos únicamente como genuinos los contenidos en el canon palestinense (hablamos del Antiguo Testamento, pues acerca del Nuevo estamos de acuerdo), únicos citados por el Señor y los Apóstoles, y recibidos por la Iglesia ya en el año 160,[41] el *Decreto de Dámaso* en 382 y, poco después, el Concilio I de Constantinopla admitieron el canon alejandrino (que los judíos no admiten), añadiendo así la Iglesia de Roma seis libros más (Tobías, Judit, Sabiduría, Eclesiástico, los dos de los Macabeos y fragmentos de Daniel) a los 66 que la primitiva Iglesia reconoció como divinamente inspirados.

La Teología Católica asegura que la Iglesia ha establecido y *autorizado* el canon de la Biblia. El Nuevo Catecismo Holandés dice todavía que la última seguridad acerca de tal punto no surge del examen de los escritos, que nos lleva a la convicción del carácter apostólico de los mismos, sino

---

40 bis. Recomendamos, como una excelente obra crítica sobre la nueva teología radical y sobre la ética de situación, el libro de A. Richardson, *El Debate contemporáneo sobre la Religión* (Bilbao-Mensajero-1968).

41. V. *Fragmentum Melitonis Sardensis,* en *Rouet,* 190.

«de la autoridad de la misma Iglesia».[42] En cambio, los evangélicos sostenemos que el Nuevo Testamento se impuso por sí mismo a la Iglesia primitiva por la intrínseca autoridad apostólica de su contenido. La Iglesia no *confirió* autoridad al canon, sino que *confesó* la autoridad del canon.[43]

3. Escritura y Tradición

Desde el Concilio de Trento, la enseñanza corriente de la Teología Católica ha sido que hay *dos* Fuentes de la Revelación: 1) Las Escrituras, incluidos los libros añadidos por el canon alejandrino al palestinense y que nosotros consideramos como apócrifos; 2) la Tradición, esto es, ciertas verdades reveladas no escritas, pero pertenecientes a la enseñanza oral de Cristo y de los Apóstoles y que han pasado hasta nosotros a través de los siglos. Estas verdades están recogidas en los escritos de los llamados «Santos Padres», en los libros litúrgicos y, sobre todo, en las declaraciones del Magisterio Eclesiástico (o autoridad docente de la Iglesia), que es su único catalizador garantizado.[44]

La Tradición a que hemos aludido es también llamada *divino-apostólica* o *constitutiva;* hay otra Tradición llamada *eclesiástica* o *interpretativa,* que se supone ser la única interpretación auténtica de la primera.

Poco antes del Vaticano II, muchos teólogos de renombre como Geiselmann, Küng, K. Rahner, Congar, etc., defendían ya que sólo hay *una* fuente o depósito de la Reve-

---

42. V. pp. 322-323 de la edición inglesa.
43. V. J. Grau, *El Fundamento Apostólico* (Ed. Evang. Europeas, Barcelona), pp. 97-115.
44. En vísperas de la definición del dogma de la infalibilidad pontificia por el Vaticano I, un obispo se atrevió a insinuar a Pío IX que el dogma que se pretendía definir debería ser contrastado con la Tradición de la Iglesia, a lo que el Papa respondió con la frase: «La Tradizione son'io» = «Yo soy la Tradición», que recuerda la también famosa frase de Luis XIV: «L'État c'est moi» = «Yo soy el Estado.»

lación: la Escritura, mientras admitían la Tradición únicamente como interpretación autorizada de la Biblia. Entretanto, otros teólogos «protestantes» liberales comenzaban a estar de acuerdo con un grupo creciente de teólogos católicos en que el Nuevo Testamento mismo es, primeramente, una «tradición» de lo que la primitiva Iglesia recogió de los dichos y hechos de Jesús, siendo así, no el definitivo mensaje de Dios para todos los tiempos, sino la interpretación que de él hicieron los escritores del Nuevo Testamento. Recientemente el mismo Cullmann ha dicho que los puntos de vista católico y protestante sobre Escritura y Tradición se están acercando de una manera asombrosa.

El Vaticano II, con expresiones más bien ambiguas, parece a veces mantener la doctrina tradicional de las *dos* fuentes,[45] pero en realidad introduce un nuevo concepto, de acuerdo con el moderno punto de vista «encarnacional», diciendo que cuanto los Apóstoles enseñaron y escribieron «va creciendo en la Iglesia», de manera que «la Iglesia camina constantemente, al compás de los siglos, a la plenitud de la verdad divina, hasta que se cumplan plenamente en ella las palabras de Dios... Así Dios, que habló en otros tiempos,[46] sigue conversando siempre con la Esposa de su Hijo amado.»[47] Más aún, Escritura y Tradición vienen a encontrarse —y como a fundirse— en el Magisterio de la Iglesia, constituyendo así un trío tan interpenetrado esencialmente, que «ninguno puede subsistir sin los otros».[48]

Esto significa un cambio radical de perspectiva (aunque no de fondo) del problema de las «Fuentes de la Revelación». Como muy bien ha hecho notar el Prof. V. Subilia,[49] ya

---

45. V. la *Constitución Dogmática sobre la Divina Revelación*, p.º 9.
46. Nótese el contraste con Hebreos 1:1.
47. *Const. Dogm. sobre la Divina Revelación*, p.º 8.
48. *Const. Dogm. sobre la Divina Revelación*, p.º 10. V. también: *Seripture, Tradition and the Church: an Ecumenical Problem*, de J. R. Geiselmann, en el libro *Christianity Divided*, pp. 39-72.
49. En *La nuova cattolicità del Cattolicesimo*, pp. 192-214 (hay traducción castellana, publicada por la Edit. «Sígueme» de Salamanca).

no podemos seguir hablando de *la Escritura sola,* ni de *Escritura y Tradición,* al referirnos a la enseñanza católica actual, sino de *la Iglesia sola,* es decir, la palabra de Dios no es ya propiamente el foco que ilumina a la Iglesia, sino que es la Iglesia el foco que ilumina a la Biblia. Esto nos lleva al tema que será objeto de la lección siguiente.

CUESTIONARIO:

1. ¿Cuál ha sido la doctrina tradicional de la Iglesia de Roma acerca de la inspiración e inerrancia de la Biblia? 2. ¿Cuáles son las actuales corrientes en dicha Iglesia y cómo comenzaron? 3. ¿Qué obstáculos significan para una labor evangelizadora de nuestra parte? 4. ¿En qué se diferencia nuestro canon *de las Escrituras del de la Iglesia de Roma? 5. ¿En qué sentido dependió de la Iglesia la definitiva fijación del* canon? *6. ¿Cuál ha sido la enseñanza corriente en la Iglesia de Roma acerca de las* fuentes o *depósitos de la Revelación? 7. ¿Cuál es el nuevo punto de vista sancionado por el Vaticano II? 8. ¿Podría citarme Ud. algunos pasajes bíblicos que demuestren la suficiencia de* la Escritura sola?

LECCION 8.ª EL MAGISTERIO DE LA IGLESIA

1. La función docente de la Iglesia

La función docente (o *Magisterio)* de la Iglesia de Roma es ejercida por el Papa y los obispos, ya reunidos en Concilio, ya dispersados por todo el mundo, pero siempre en sintonía con el Papa. De este centro parten todas las directivas doctrinales y disciplinares para toda la Iglesia, de modo que no puede admitirse como legítima ninguna otra interpretación particular de la Biblia. Es cierto que el Espíritu Santo puede iluminar a los fieles en el estudio e interpretación de la Biblia, pero sólo la suprema jerarquía puede dictaminar, en último término, cuál es la correcta interpretación de un pasaje en orden al establecimiento de un «dogma de fe». ¿Por qué es esto así? La respuesta católica es: a) porque el dejar la interpretación de la Biblia en manos de particulares es abrir las puertas al «iluminismo», por el cual se puede pretender establecer una especie de *hilo directo* con el Espíritu Santo en apoyo de las más ridículas interpretaciones; b) porque sería imposible establecer una regla de fe *única* y segura, a base de tantas interpretaciones particulares, no sólo diversas, sino también contradictorias en muchas ocasiones.[50]

Nuestra respuesta es que: a') la Historia muestra cómo Papas y Concilios han propuesto, en apoyo de ciertos dogmas, interpretaciones de la palabra de Dios que hoy son tenidas por los mismos exegetas católicos como ridículas y equivoca-

---

50. V. el Nuevo *Catecismo Holandés,* p. 323 de la ed. inglesa.

das; basta con leer la Bula *Unam Sanctam* de Bonifacio VIII;
b') Toda enseñanza de la Iglesia puede y debe ser confrontada con la Biblia, no en virtud de un carisma institucional
poseído en exclusiva por un jerarca, sino en virtud de la
enseñanza impartida por el Espíritu Santo a cada uno de los
fieles (V. Juan 6:45; 7:17; 1.ª Juan 2:20-27), aunque, como
ya hemos explicado en nuestro volumen sobre la *Iglesia,* toda
interpretación alcanzará su grado máximo posible de *fidelidad*
(no de infalibilidad) a la intención del Espíritu, sólo cuando
se haga dentro de una genuina *comunidad de creyentes oran-
tes y estudiosos* (V. Mateo 18:20); c') No negamos los teso-
ros de interpretación bíblica que la tradición cristiana ha
acumulado a lo largo de los siglos, pero sí negamos que
tengan un valor *absoluto* al nivel mismo de la Escritura.

Cuando objetamos que la Iglesia de Roma se coloca a sí
misma sobre la Biblia, los teólogos católicos y el propio
Vaticano II [51] contestan: ¡No! «La Iglesia no está sobre la
palabra de Dios, sino a su servicio», o, como lo han expuesto
Y. Congar y E. Schillebeeckx, «la Iglesia no está sobre la
Biblia, sino sobre cualquier interpretación particular de la
Biblia». Esta sutil respuesta deja intacto el problema, puesto
que, así, ningún creyente, ni siquiera la totalidad de la comunidad cristiana, puede contrastar legítimamente la enseñanza del Magisterio con la palabra de Dios, cayendo en un
círculo vicioso por el cual la autoridad eclesiástica dice
deducir la garantía de su docencia infalible de una Biblia
a la cual la Iglesia misma confiere el único sentido *autorizado.*
En realidad se juega aquí el concepto mismo de «iglesia».

De hecho, ¿qué es lo que la Iglesia de Roma, como un
todo, ha de creer como «dogma»?, ¿la enseñanza de la
Biblia, por lo menos cuando es tan sencilla y clara como la
encarnación del Verbo (Juan 1:14)? ¡No! Según la doctrina
católica, nada es «dogma de fe» mientras no es declarado
autoritativamente como tal por el Magisterio de la Iglesia.
El Vaticano I declaró: «Con fe divina y católica ha de ser

---

51. V. *Const. Dogm. sobre la Divina Revelación,* p.º 10.

creído cuanto se contiene en la palabra de Dios, escrita o transmitida de otro modo, y que la Iglesia proponga para ser creído como divinamente revelado» (Denzinger, 3011). Esta declaración contiene dos puntos: a) la Iglesia no puede proponer para ser creído sino lo que ha sido revelado por Dios, así que la Revelación Divina es la «regla remota» o *norma normans* de la fe de la Iglesia; b) la autoridad docente de la Iglesia es la única garantía de que una creencia determinada está de acuerdo con la Divina Revelación, así que la autoridad jerárquica es la «regla próxima» o *norma normata,* sí, pero, al fin, última, indiscutible, inapelable, única realmente obligatoria para mantenerse en la ortodoxia.

De aquí se ha seguido el hecho lamentable de que masas enormes de católicos hayan creído cumplir su obligación con un mero escuchar de cuando en cuando, y aún de transferir al cuerpo docente la función intrasferible de «creer» (la llamada «fe implícita» = «creo todo lo que cree la Iglesia»). Según la enseñanza oficial de la Iglesia de Roma, lo que constituye a una persona «católica» no es su fe directa en la palabra de Dios, sino su *obediencia* a la autoridad de la Iglesia. El *Catecismo Romano,* redactado a base del Tridentino, dice: «Una persona no debe ser llamada "hereje" tan pronto como haya claudicado en materia de fe, sino cuando, sin tener en cuenta la autoridad de la Iglesia, sostiene tercamente opiniones impías.»[52]

2. Cualificaciones dogmáticas y censuras teológicas

Cada proposición teológica recibe una *cualificación* especial, de acuerdo con su cercanía ideológica a las declaraciones oficiales del Magisterio de la Iglesia, y la proposición contraria recibe, a su vez, una *censura* correlativa. Los grados más importantes de cualificación, y sus opuestos de censura, son los siguientes:

---

52. Parte Primera, artículo IX, introducción.

A) Lo que ha sido explícitamente definido como revelado por Dios, ha de ser creído como *de fe divina y católica* Su opuesto es la *herejía.*

B) Lo que es enseñado universal y constantemente por la Iglesia (pero no ha sido definido como revelado), es cualificado como *doctrina católica.* Su contrario es *error en la doctrina católica.*

C) Una conclusión teológica deducida de una premisa (o principio) *de fe* y de otra premisa conocida por razonamiento analítico,[53] se llama *teológicamente cierta.* Su opuesto es *error en Teología* (o teológicamente errónea).

D) Lo que es enseñado corrientemente (unanimidad o casi unanimidad) por los más eminentes Doctores de la Iglesia (sobre todo, por Tomás de Aquino) se supone ser *cierto en Teología.* Su contrario es *falso* (como opuesto a una doctrina *verdadera), temerario* (como opuesto a una enseñanza *prudentemente* ajustada a la doctrina del Magisterio), *no seguro (non tutum,* en oposición a doctrina segura, es decir, con garantías de verdad).

E) Finalmente, las proposiciones que están respaldadas por teólogos de nota y puedan ser discutidas, defendidas o atacadas sin cualificación ni censura oficial, se llaman *opiniones,* afirmaciones *probables,* etc.[54]

---

53. Una proposición o «premisa» es obtenida por razonamiento *analítico,* cuando se limita a *analizar* y hacer *explícito* el contenido de los términos. Si introduce un *nuevo* elemento, se llama razonamiento (raciocinio o silogismo) *sintético.* En la próxima lección veremos la importancia e implicaciones de esta distinción en el problema de la evolución dogmática.
54. Para más detalles, ver L. Ott, *Fundamentals of Catholic Dogma,* pp. 9-10 (Hay traducción castellana en la Edit. Herder).

CUESTIONARIO:

1. ¿A qué se llama «Magisterio de la Iglesia?»   2. ¿Por qué está proscrito el llamado «libre examen» en la Iglesia de Roma?   3. ¿Cómo contestamos los evangélicos a las objeciones contra la interpretación no jerárquica de la Biblia? 4. ¿Cómo entienden los católicos la sumisión de la Iglesia a la palabra de Dios?   5. Según la doctrina católica, ¿es suficiente que una verdad se nos aparezca en la Biblia como revelada claramente por Dios, para que tengamos la obligación de creerla como de fe? *   6. ¿Qué es lo que constituye a un católico como* fiel *miembro de su Iglesia?   7. ¿Cuándo se llama a una proposición* herética, errónea, falsa, *según la* Teología Católica-Romana?

LECCION 9.ª LA EVOLUCION DOGMATICA

1. El problema

De lo dicho en la lección anterior se deduce que la verdad revelada, según la Iglesia de Roma, tiene, en relación con la adhesión que el cristiano ha de prestarle, dos estadios bien definidos: 1) un momento *anterior* a la declaración autoritativa de la jerarquía, en que la verdad bíblica (o de la Tradición *constitutiva*) contiene *en sí misma* su credibilidad como algo revelado por Dios *(Dogma quoad se* = dogma en sí mismo); 2) un estadio *posterior* a la declaración o definición del Magisterio, en que la verdad revelada aparece claramente *ante nosotros* como tal *(Dogma quoad nos* = dogma en su relación a nuestra adhesión *obligatoria),* merced a la proclamación autoritativa, *garantizada* por la asistencia del Espíritu Santo, del Magisterio Eclesiástico. ¿Qué es lo que confiere la Iglesia a tal verdad revelada, al elevarla a la categoría de «dogma de fe»?

A) Si la declaración dogmática de la Iglesia está ya *explícitamente* (con la misma fraseología gramatical) en las «Fuentes de la Revelación», la Iglesia se limita a *proclamar* como «dogma» la proposición revelada. Por ejemplo, cuando la Iglesia define el *dogma* de la Encarnación del Verbo, se limita a proclamar como tal la proposición de Juan 1:14: «El Verbo se hizo carne.»

B) Si la declaración dogmática está *implícitamente* (con diferentes palabras, pero con sentido *equivalente)* en la Revelación, la Iglesia expresa en fórmula más *explícita* lo que estaba *implícito* en dicha Revelación. Por ejemplo, en ninguna parte del Nuevo Testamento encontramos la fórmula explícita: «Hay dos naturalezas en la única persona» del Señor Jesucristo,[55] pero el mismo Nuevo Testamento nos ofrece numerosos pasajes equivalentes a dicha proposición, al presentarnos al Hijo Unigénito de Dios, el Señor Jesucristo, como poseyendo la naturaleza divina por la cual es igual al Padre, y la naturaleza humana por la cual es semejante a nosotros, aunque sin pecado.[56]

C) Si la declaración dogmática está *virtualmente* (incluída en el contenido *objetivo,* no en fórmulas proposicionales de ninguna clase) en la Revelación, los teólogos romanos difieren en la explicación: a) unos aseguran que la Iglesia nunca puede proclamar como «dogma» lo que no aparece proposicionalmente ni en la letra ni en el sentido de la Escritura; b) otro grupo, en número creciente, afirma que puede hacerlo, con tal que, para extraer dicho contenido objetivo, no utilice un raciocinio *deductivo,* sino *analítico.*[57] Como escribió Tomás de Aquino, ello equivale a convertir el agua (de la razón humana) en vino (verdad de fe).[58] Por ejemplo, Génesis 2:7 y 1.ª Corintios 2:11 nos enseñan que el hombre posee *espíritu* (premisa, o verdad, de fe). Ahora bien, el raciocinio analítico descubre mediante una reflexión más profunda sobre el contenido del término «espíritu», que un ser espiritual no puede corromperse —cesar naturalmente de existir— por carecer de partes materiales, capaces de descomposición (premisa de razón analítica). Podemos, pues, concluir que el alma humana es incorruptible, es decir, *inmortal.* Siguiendo este método, la Iglesia puede proclamar como «dogma de fe» la inmortalidad del alma humana.[59]

---

55. V. Denzinger, 302.
56. Un pasaje notable es Filip. 2:6-7, donde, bajo el mismo pronombre relativo personal («el cual»), se mencionan las dos naturalezas de Cristo: «la forma de Dios» y «la forma de siervo».
57. V. la nota 53 de la lección anterior.
58. V. *In Boëthium de Trinitate,* q. 2, a. 3, ad 5.
59. V. Denzinger, 1440.

2. Métodos de solución

Ahora podemos ya preguntarnos, siempre dentro de la línea de pensamiento católico-romana: ¿cómo ha llegado el sencillo mensaje apostólico a desarrollarse a lo largo de los siglos, hasta convertirse en el actual sistema dogmático de la Iglesia de Roma? Llegamos a uno de los puntos más difíciles de la Teología Católica: la naturaleza de la evolución dogmática. E. Schillebeeckx encuentra tres tipos de solución entre los teólogos:[60]

A) *El tipo histórico.* Sostiene una *identidad* fundamental entre las diferentes fases históricas de captación, por parte de la conciencia cristiana, de las verdades propuestas por la Iglesia para ser creídas como «dogmas». Es decir, la Iglesia siempre ha creído *los mismos dogmas.* Por tanto, la investigación histórica debe demostrar que, por ejemplo, la Asunción Corporal de la Virgen María a los Cielos era ya creída por la Iglesia primitiva. Cuando no se encuentran documentos explícitos, se recurre al argumento de «pacífica posesión de una verdad que por nadie es impugnada». Esta era la solución corriente en los Manuales de Teología antes de la II Guerra Mundial. Sin embargo, hace ya más de un siglo que algunos de los mejores especialistas católicos juzgaron este método como insostenible.

B) *El tipo lógico.* Está basado en el principio antes aludido de que la razón humana, mediante el silogismo analítico, puede encontrar nuevas verdades *virtualmente* contenidas en lo profundo del objeto mismo de la Revelación. Este grupo se subdivide en tres tendencias:

a) Algunos teólogos, como Schultes, piensan que, para establecer el vínculo *lógico* de la evolución, es preciso que el silogismo sea meramente *explanatorio,* de manera que la conclusión que vaya a ser elevada a «dogma» no sea sino

---

60. V. su libro *Revelación y Teología* (Salamanca -Sígueme- 1968), pp. 68-87.

una expresión más clara, pero equivalente, de la verdad revelada.

b) Otros, siguiendo al dominico español Marín-Sola, afirman que, para estar seguros de que el raciocinio analítico nos conduce a una conclusión correcta, es suficiente con que haya identidad *objetiva* (dentro del *contenido)* entre la nueva expresión «dogmática» y la verdad revelada. Pero esta identidad sólo aparece clara a nuestros ojos después de la definición de la Iglesia.

c) Otros, finalmente, aseguran que la identidad entre la nueva conclusión y la verdad revelada puede aparecer clara incluso antes que la Iglesia defina solemnemente tal conclusión como «dogma».

E. Schillebeeckx arguye, con razón, contra el tipo lógico en general, que la fe no puede desarrollarse por medio de la razón natural.[61]

C) *El tipo teológico.* Es el seguido, tras J. H. Newman y J. A. Möhler en el siglo XIX, por muchos modernos teólogos católicos y por el mismo Vaticano II.[62] Schillebeeckx lo expone así: «Todo el desarrollo dogmático parte de una intuición global todavía implícita en muchos aspectos, que se encamina a través del pensamiento implícito (experimental y subconsciente) y explícito (formulado y consciente) hacia las definiciones dogmáticas... El silogismo, por tanto, no nos coloca ante una verdad *nueva,* sino que pone al descubierto... el movimiento evolutivo por el que habíamos llegado ya a esta verdad en nuestra experiencia espontánea.» Añade que la falta de proporción entre el conocimiento vivo y subconsciente y la técnica refleja del pensamiento formulado, hace que nuestra expresión gramatical de las verdades divinas sea siempre incompleta e inadecuada. Para catalizar el conjunto global del conocimiento experimental de los creyentes y tener seguridad de que las formulaciones dogmá-

61. V. mi refutación del tipo lógico en mi libro *Mi Camino de Damasco* (Westcliff-on- Sea, The Power House, 1970), p. 66-69.
62. V. *Const. Dogm. sobre la Divina Revelación,* p.º 8.

ticas no traicionan el sentido de la verdad revelada, es por lo que Newman afirma la necesidad de una comunidad eclesial visible, dotada de un magisterio infalible».[63]

CUESTIONARIO:

1. ¿En qué consiste el problema de la evolución dogmática?
2. ¿Qué hace, en realidad, el Magisterio de la Iglesia de Roma, al definir un «dogma»? 3. Expónganse los distintos tipos (histórico, lógico y teológico) de solución.

---

63. *Revelación y Teología,* pp. 74-76.

LECCION 10.ª ORIGEN E IMPLICACIONES FILOSOFICAS DEL METODO TEOLOGICO

1. Doctrina tradicional e investigación histórica

Siendo el método o tipo *teológico* el que sigue la Iglesia del Vaticano II, vamos a examinar más detenidamente su origen e implicaciones filosóficas.

Como ya insinuamos en otro lugar, la doctrina tradicional (oficial) de la Iglesia de Roma hasta hace pocos años, era que los «dogmas» no podían cambiar de ninguna manera, incluso en su formulación.[64] El Vaticano I condenó enfáticamente toda clase de evolución dogmática.[65]

Sin embargo, la investigación histórica no estaba de acuerdo. Fue entonces cuando, siguiendo las huellas del teólogo alemán J. A. Möhler, el también alemán M. J. Scheeben y el inglés J. H. Newman saltaron a la palestra para salvar el principio católico de *semper eadem* («siempre la misma»), haciendo compatible la evolución dogmática con la perenne identidad del cuerpo doctrinal católico. Para ello, compararon a la Iglesia con un cuerpo humano que va creciendo o con un árbol frondoso que se ha desarrollado a partir de una insignificante semilla. Así como tales desarrollos no se oponen a la identidad del cuerpo o del árbol, así tampoco se opone la evolución dogmática a la identidad de la Iglesia primitiva con la Iglesia Católica del siglo xx.[66] ¿Quién argüi-

---

64. V. Denzinger, 3020.
65. V. Denzinger, 3043.
66. V. V. Subilia, *Il Problema del Cattolicesimo*, pp. 35-41. Todavía en 1907, Pío X condenaba la evolución interna, por la que las fórmulas dogmáticas están sujetas a cambio (V. Denzinger, 3483).

ría, viendo a un hombre de 40 años junto a su foto de niño de 4, que no era la misma persona? Aunque un extraño lo negase, el individuo en cuestión estaría seguro de ser el mismo.

Poco antes de finalizar el Vaticano II, decía Pablo VI, usando ambas metáforas del cuerpo y del árbol: «Algunos querrían que la Iglesia se volviese de nuevo niña, olvidando que el Señor la comparó a una pequeñísima semilla que llega a convertirse en un gran árbol.»[67]

2. La Filosofía Dialéctica y la Evolución Dogmática

Con el fin de encontrar una explicación razonable del desarrollo dogmático, Möhler y Newman aplicaron a la evolución dogmática el método *dialéctico* de los filósofos alemanes Fichte y Hegel (tesis-antítesis-síntesis); es decir, en contraste con el dilema bíblico (o esto o lo otro) que nos obliga a adherirnos sin mixtificación «a la fe que ha sido una vez dada a los santos» (Judas 3), el nuevo método *teológico* de la Iglesia Romana consiste en tomar de un lado y de otro nuevos elementos que vengan a mezclarse con las antiguas formulaciones de los dogmas, de tal manera que, confrontada la *tesis* antigua del dogma con una *antítesis* de tipo doctrinal o práctico, sea posible una nueva *síntesis* o reformulación que abarque ambos extremos.

Esta corriente teológica, de resabio modernista, que hoy se abre paso (y no sólo en la Iglesia de Roma), se ha visto fomentada por la intrusión de la filosofía existencialista en el campo de la Dogmática y de la Moral, con lo que la formulación *proposicional* de la verdad ha quedado sin sentido, pues uno de los principios básicos del Existencialismo es que la verdad objetiva no puede encontrar expresión adecuada en fórmula alguna.[68] Así, pues, el conocimiento y la formu-

67. La cita es del periódico «L'Osservatore Romano» de 29 de julio de 1965.
68. Un resumen de la filosofía existencialista puede verse en la sección siguiente (sobre la «Nueva Teología»).

lación de las verdades reveladas puede y debe crecer y cambiar continuamente, aunque parcialmente, para poder abarcar los nuevos puntos de vista.

3. El Vaticano II y la evolución dogmática

Que ésta parece ser la línea del Vaticano II, se desprende del p.º 8 de su *Cons. Dogm. sobre la Divina Revelación,* donde leemos: «crece la percepción tanto de las realidades como de las palabras transmitidas cuando los fieles las contemplan y estudian rumiándolas en su interior, cuando comprenden internamente los misterios que viven, y cuando las proclaman los Obispos, sucesores de los Apóstoles en el carisma cierto de la verdad» y, así, «la Iglesia camina a través de los siglos hacia la plenitud de la verdad, hasta que se cumplan en ella plenamente las palabras de Dios».

No es difícil ver en tales expresiones un eco de la línea seguida por Newman: a) la *intuición* y el *estudio* de las realidades contempladas, que lleva de un conocimiento implícito a una *percepción* explícita; b) la influencia que en este proceso tienen las *vivencias* íntimas del misterio mismo u *objeto* revelado; c) la garantía necesaria de un *carisma cierto de verdad* impartido a la jerarquía eclesiástica mediante la sucesión apostólica, para que el dogma pueda crecer ortodoxamente, al par que comunitariamente.

4. Queda impedida toda posible apelación a las Fuentes

La línea teológica explicada en esta lección encierra implicaciones que es necesario tener presentes, y que vamos a exponer a la vez que presentamos una somera refutación de toda esta enseñanza sobre la evolución dogmática.

El crecimiento «dialéctico» del dogma católico-romano hace imposible toda apelación de una nueva «formulación» a anteriores decisiones o declaraciones dogmáticas de la Iglesia, es decir, nadie puede apelar, por ejemplo, a las declaraciones de Gregorio I para oponerse a la definición dogmática del Primado universal del Papa sobre la Iglesia, llevada a cabo por el Vaticano I,[69] porque, *siendo el Papa correspondiente a cada momento histórico de la Iglesia el único intérprete «infalible» de la verdad en desarrollo,* resulta claro —y así lo hizo constar sin ambages Pío XII en su encíclica *Humani Generis* de 1950— que las antiguas formulaciones de la fe deben contrastarse con las nuevas, no viceversa. Y, consiguientemente, afirmó que el correcto método teológico consiste en investigar cómo los nuevos dogmas se contienen en las Fuentes de la Revelación, más bien que empeñarse en contrastarlos con las creencias de la primitiva Iglesia para ver si son correctos o no.

Por vía de somera refutación de esta moderna línea teológica, diremos que el principio mismo sobre el que se basa la teoría de la evolución dogmática es fruto de una peligrosa confusión entre la *creencia cristiana en la Divina Revelación y la vida cristiana de la verdad revelada.* La fe se basa en *hechos* (de una vez para siempre) y se expresa en *proposiciones* gramaticales, según se contienen en las Sagradas Escrituras. La vida cristiana debe comenzar y progresar por medio de la experiencia personal de la verdad objetiva del Evangelio, «poder para salvación» en manos del Espíritu Santo. Confundir estas dos cosas, haciendo de la experiencia subjetiva el medio de crecimiento de la verdad revelada no nos parece una correcta *percepción,* sino *perversión,* del Evangelio.

---

69. H. Küng alude (*The Church*, p. 470) al hecho curioso de que el Vaticano I.º citase en favor del Primado del Papa, sacándolas de su contexto, ciertas frases de Gregorio I el Magno que tenían precisamente un sentido *opuesto* al que les dio el Concilio.

CUESTIONARIO:

1. ¿Cómo encararon Newman y otros el reto de la investigación histórica a la inmutabilidad del dogma? 2. ¿Qué relación guarda la teoría de Newman con la filosofía dialéctica? 3. ¿Qué aportación ha prestado el Existencialismo al método teológico? 4. ¿Cuál es la línea del Vaticano II respecto a este punto? 5. ¿Qué dictaminó Pío XII acerca del recurso a las Fuentes? 6. ¿Qué juicio le merece este método dialéctico de la Teología?

LECCION 11.ª
LA NUEVA TEOLOGIA Y EL HUMANISMO

1. La «Nueva Teología»

En 1950, Pío XII promulgó su encíclica *Humani Generis* contra la llamada «Nueva Teología», cuyo principio básico, según el Papa, es que «el dogma debe ser liberado del modo de hablar tradicional en la Iglesia y de las nociones filosóficas vigentes entre los doctores católicos, para volver, en la exposición de la doctrina católica, al modo de hablar de la Sagrada Escritura y de los Santos Padres».[70]

Entre los teólogos más relevantes del movimiento aludido por Pío XII en su encíclica, se hallan los dominicos Y. Congar, E. Schillebeeckx y M. D. Chénu, y los jesuitas J. Daniélou, K. Rahner y H. de Lubac, entre otros. Su intención era prescindir de la terminología y conceptos «escolásticos» (aristotélico-tomistas) en Teología, a fin de hacer comprensible para la filosofía contemporánea, y aceptable para muchos de los «hermanos separados», el dogma católico. Por desgracia, en el contexto de esta «Nueva Teología» se encuentran: el *humanismo* (línea «encarnacional» de la Iglesia, visión universalista de la salvación, entera implicación en lo social, en lo temporal, etc.), el *liberalismo* (o modernismo) en el terreno bíblico, y el *existencialismo*. Esta corriente teológica pareció haber sido derrotada por Pío XII,

---

70. Denzinger, 3881. Si por «Escritura» se entendiese, en la opinión de estos teólogos, la Biblia como Palabra infalible de Dios, totalmente inspirada por el Espíritu Santo, estaríamos completamente de acuerdo.

pero salió triunfante en el Vaticano II y, con toda probabilidad, se convertirá en la enseñanza oficial de la Iglesia muy pronto. Vamos a examinar más detenidamente estas nuevas corrientes implicadas en la «Nueva Teología», comenzando por el *humanismo*.

2. El «humanismo» de la «Nueva Teología»

El moderno *humanismo* de la Teología Católica va asociado al nombre del famoso jesuita francés P. Teilhard de Chardin († 1955). Después de su exilio en China, durante 20 años, murió en Estados Unidos sin haber conocido personalmente el triunfo de sus ideas. Como el Cid, ha ganado sus principales batallas después de muerto. Su prestigio y fama crecen por momentos en los círculos culturales católicos. Bien puede ser llamado el padre del evolucionismo católico. Según él, desde que el Universo fue formado hace miles de millones de años, el mundo evoluciona en espiral hacia una mayor complejidad molecular, así como hacia una más elevada conscienciación, con un Dios que dirige la evolución *desde dentro,* más bien que *desde arriba:* del caos al cosmos, de la biósfera a la noósfera, hasta desembocar en el «punto-Omega», Cristo, cuando, de acuerdo con 1.ª Corintios 15:28, «Dios sea todo en todos». Parece ser que Teilhard interpretó este versículo en un sentido *panenteísta* (todo está en Dios), ya que no *panteísta* (todo es Dios).[71]

Por otra parte, los modernos Manuales de Teología y Filosofía de la Iglesia Romana descartan la *directa* intervención de la Providencia en los asuntos humanos, afirmando que al hombre le cabe toda la iniciativa y responsabilidad en controlar y mejorar su mundo. Esta tendencia es también llamada *temporalismo,* por su preocupación primordial en este tiempo y en este mundo, antes que en la eternidad y el mundo venidero. El canónigo español J. M.ª González-Ruiz

---

71. V. C. Brown, *Philosophy and the Cristian Faith*, pp. 236-242.

es quizá el más competente abogado de esta tendencia en nuestra patria. Ciertos rasgos de esta tendencia pueden atisbarse en la *Constitución Pastoral sobre la Iglesia en el mundo actual,* del Vaticano II.

3. El «universalismo» de la «Nueva Teología»

Estrechamente vinculado con estas tendencias está el llamado «universalismo». Este término implica los siguientes aspectos, ligados al campo teológico:

A) *Todo elemento religioso* que palpita (aunque sea implícitamente) en el ser humano puede y debe ser integrado (de acuerdo con el método dialéctico) en el sistema católico-romano. Y. Congar, en su libro *Principios de Ecumenismo Católico,* escribía que Roma se estaba embarcando en un gigantesco movimiento encaminado a incluir *todo sin excepción alguna,* de modo que resulte anacrónico hablar de diferencias doctrinales o de un retorno de los «otros» al único redil. En la misma línea, H. Küng hizo una importante observación al declarar que «un teólogo protestante nunca comete mayor error que cuando trata de asegurar que ésta o aquella doctrina es "no-católica"». El Vaticano II, por su parte, afirma que, incluso los ateos, si se esfuerzan por vivir una vida honesta, están en el camino de la salvación, y añade: «Cuanto hay de bueno y de verdadero entre ellos, la Iglesia lo juzga como una preparación del Evangelio.»[72]

B) La salvación es algo *social* en la vida comunitaria de la humanidad entera, más bien que algo *personal* para cada uno del grupo elegido de los fieles cristianos. «Dios ha destinado a todos los hombres a la salvación» —dice Schillebeeckx.[73] Küng, por su parte, afirma: «Jesucristo murió y resucitó no precisamente por la Iglesia, sino por el mundo.»[74]

---

72. *Const. Dogm. sobre la Iglesia,* p.º 16.
73. *Revelación y Teología,* p. 13.
74. *The Church,* p. 485.

Y el Nuevo *Catecismo Holandés* llega a afirmar que todos los hombres de buena voluntad participan en las bendiciones de la redención de Jesús y están conectados al Salvador por el solo hecho de haber nacido.[75] Así debemos hacer justicia a los valores de las religiones paganas.[76] La salvación es asunto *social*,[77] tanto que podemos «creer *por* otros».[78] Más aún, una persona puede expiar sus pecados («integrar su vida») sufriendo pacientemente la pena capital, como el Buen Ladrón.[79]

No es extraño que este humanismo «católico» sirva de puente para un encuentro con el humanismo marxista. Es de notar que el teólogo alemán K. Rahner, quizás el más relevante pensador del catolicismo progresista, después de haber sido el discípulo favorito de M. Heidegger (el gran filósofo del Existencialismo), es frecuentemente el líder del grupo de humanistas católicos que se reúnen regularmente con otro grupo de pensadores comunistas de esta parte del «telón», para discutir amigablemente «temas comunes». Del otro grupo, tenemos a R. Garaudy, quien, en su libro *Un marxista se dirige al Concilio,* declara que los comunistas no pueden seguir considerando la religión como «el opio del pueblo», y que Marxismo e Iglesia (entendiendo por tal, claro está, la Iglesia de Roma) pueden estar de acuerdo en el plano humanístico: *ambos tratan de hacer feliz al hombre,* aunque él lanza un reto a la Iglesia sobre el camino mejor y más seguro de hacer felices a los hombres.[80]

---

75. V. p. 249 de la ed. inglesa. La Biblia, por el contrario, enseña la necesidad de un «nuevo nacimiento» (Juan 1:13; 3:3 ss.).
76. Pp. 26-27.
77. Pp. 245, 250, 261, entre otros lugares.
78. P. 291.
79. P. 456. ¿Dónde queda, pues, la necesidad y el plan de la Redención?
80. Puede verse también el artículo de M. Machovec en el libro *Cristianos y Marxistas,* así como el libro de L. Lombarde Radice *Socialismo y Libertad* (Bilbao, Desclée de Brouwer, 1971).

CUESTIONARIO:

1. ¿Cuál es el principio básico de la llamada «Nueva Teología»? 2. ¿Cuál es la intención de los teólogos que respaldan tal línea? 3. ¿En qué contexto cultural está implicada hoy la «Nueva Teología»? 4. Teilhard de Chardin y su influencia en las nuevas corrientes teológicas. 5. ¿A qué llamamos «temporalismo»? 6. ¿Qué tendencia representa el llamado «universalismo», tanto en su aspecto intensivo como en el extensivo? 7. ¿Qué extremos se encarga de acercar el puente humanista?

LECCION 12.ª LA «NUEVA TEOLOGIA» Y EL MODERNISMO BIBLICO

1. El Modernismo radical

El Modernismo teológico y bíblico es un fenómeno surgido en el siglo pasado. Sus raíces están afincadas en la *Crítica de la Razón Práctica,* de M. Kant, y el tronco o canal de paso fue Schleiermacher, se extendió del lado «protestante» y entró a finales del siglo XIX y comienzos del XX en la Iglesia de Roma fomentado por teólogos progresistas de la época, como A. Loisy en Francia, G. Tyrrell en Inglaterra, y otros, que estaban preocupados por la supuesta necesidad de poner a tono la Dogmática con los avances de la ciencia. La doctrina modernista puede resumirse de la siguiente manera:

A) El ser humano alberga en su subconsciente un cierto «sentido de lo divino» y una necesidad íntima de Dios, el Infinito, el «Gran Desconocido».

B) Bajo la presión de ciertas circunstancias especiales, y contando con el factor de una educación moral y religiosa en la niñez, este sentido subconsciente de lo divino aflora a la conciencia, sale a la superficie. Este fenómeno es la «revelación».

C) Nuestro corazón se aferra a esta «aparición» de lo divino. Esto es la «fe».

D) La reflexión y el estudio tratan de expresar, en forma de «mitos» y «símbolos», el contenido de esta experiencia subjetiva. Las expresiones quedan cristalizadas en «dogmas», que son expresiones sintéticas de dichos símbolos, elaboradas mediante el estudio teológico.

E) La Biblia es enteramente un libro puramente humano. Históricamente, Cristo fue un mero hombre, pero «la evolución de la conciencia cristiana» idealizó Su persona y Su mensaje hasta el punto de presentarlo bajo el «mito» de Dios-Redentor.

F) Así, el Cristo presentado por los escritores del Nuevo Testamento es un «Cristo idealizado» (el Cristo de la fe), producto de la experiencia subjetiva de los Apóstoles y radicalmente diferente del «Cristo histórico» (el Cristo real).

G) Por consiguiente, es necesario emprender una tarea de «desmitologización» (en frase de R. Bultmann), para entresacar los verdaderos hechos históricos de esa sobreestructura de idealización que los recubre.

El Modernismo usó, para esta tarea de autopsia de la Biblia, el escalpelo de la «Alta Crítica» y de la «Historia de las formas», a base de considerar la Biblia como cualquier otro libro humano.

Este Modernismo radical sostiene que toda fórmula dogmática es expresión inadecuada de la revelación inmanente (subjetiva), de modo que la evolución dogmática implica un continuo cambio de sentido en la formulación de la fe, no sólo por la imposibilidad de expresar adecuadamente al Dios Absoluto y Desconocido, sino porque tales fórmulas son expresiones de diferentes culturas a lo largo de los siglos. Por tanto, son doblemente *relativas*. Bultmann ha expresado lo mismo dentro de un contexto existencialista, distinguiendo entre el pensar científico (objetivador), aplicable a las ciencias naturales, y el pensar existencial (subjetivo, personal), propio del ser personal, hasta el punto de que nada de lo que pertenece íntimamente a la *persona* es expresable en las comunes categorías del conocimiento humano, ya que «lo existencial no es susceptible de objetivación».[81]

81. V. E. Schillebeeckx, *The concept of truth and related problems,* dentro del libro *Ecumenism and the R. Catholic Church,* editado por Alting von Geusau, p. 163.

2. Condenación del Modernismo por Pío X

El Modernismo radical fue condenado por Pío X en su Decreto *Lamentabili* y, dos meses más tarde, en su encíclica *Pascendi*.[82] Sinceramente hemos de decir que, entre las proposiciones condenadas por el Papa en dichos documentos, se hallan algunas que también a nosotros nos parecen destructoras de la Biblia, pero hay otras que, a nuestro juicio, reflejan hechos indiscutibles acerca de la evolución doctrinal y disciplinar de la Iglesia de Roma, como son las proposiciones 47, 49, 50, 55 y 56 del Decreto «Lamentabili».

A pesar de la condenación pronunciada por Pío X a comienzos de la presente centuria, el Modernismo bíblico está levantando poderosamente la cabeza dentro de la Iglesia Romana. Ya en la primera sesión del Vaticano II, hubo obispos que aseguraron que lo que realmente importa es «amar la Biblia más que creer en ella». Basta con echar una ojeada a gran parte de los comentarios modernos (y notas al pie de las nuevas versiones de la Biblia), para convencerse de la rapidez con que estamos pasando del liberalismo a la «desmitificación».[83]

3. La «vía media» del Modernismo existencialista

Sin embargo, en materia de conocimiento de la Biblia y de evolución dogmática, la mayor parte de los teólogos católicos de vanguardia de nuestros días, adoptan un Modernismo moderado, o «vía media» entre el conceptualismo escolástico y el total relativismo modernista. E. Schillebeeckx lo llama «perspectivismo».[84] «No podemos decir —afirma Schillebeeckx— que la verdad *cambia...*, pero las perspec-

---

82. Denzinger, 3401-3465 y 3475-3499.
83. Confesamos que la plaga modernista entró antes y más violentamente en los colegios (y puestos jerárquicos) y seminarios teológicos «protestantes», que en los de la Iglesia Romana.
84. ¿Lo habrá tomado de nuestro Ortega y Gasset?

tivas en que contemplamos la verdad están cambiando constantemente; y así nuestros conocimientos crecen íntimamente.» Más tarde habla de una dimensión «no-conceptual» del conocimiento, que él llama *dinamismo objetivo,* en el sentido de que «el concepto es una expresión limitada de una intuición preconceptual de la realidad». Así «experiencia y conceptualidad combinadas construyen nuestro único conocimiento de la realidad».[85]

Todo esto significa el «adiós» al conceptualismo y a la verdad proposicional. No es que inculpemos a Schillebeeckx por su «perspectivismo» en el terreno *filosófico,* pero creemos que no se puede aplicar tal perspectivismo a la evolución dogmática, ya que la Revelación Divina está ya cristalizada en expresiones gramaticales (¡proposicionales!), que exigen, no los descubrimientos de una experiencia subjetiva, sino una actitud de *obediencia de la fe* (Romanos 1:5).

H. Küng, tras K. Barth, sigue el mismo camino existencialista-relativista al hablar de la Biblia y de la Iglesia. Como Barth, también él sostiene que la Biblia contiene errores históricos.[86] Con frases semejantes a las de J. A. T. Robinson en *Honest to God,* dice: «La Teología actual tiene que repensar fundamentalmente para este nuevo mundo su visión del hombre, de la naturaleza y de Dios.»[87] «Dios espera del hombre, no precisamente un asentimiento intelectual a ciertos hechos históricos, sino una decisión existencial de fe ante Dios y por Dios.»[88]

La misma línea puede detectarse fácilmente en el Nuevo *Catecismo Holandés,* donde se niega el carácter histórico de los once primeros capítulos del Génesis y se asegura que, aun desde el capítulo 12 en adelante, el relato del Pentateuco

---

85. V. el artículo, antes citado, en *Ecumenism & the R. C. Church,* pp. 145-148 y 158-160.
86. V. *The Church,* pp. 72, 73, 204, 331, 404, 405.
87. O.c., p. 483.
88. O.c., p. 23. Es cierto que la fe es una entrega personal, *total,* a Dios, pero es también un asentimiento mental y cordial a la verdad revelada.

es, en sus nueve décimas partes, la hiperbólica narración de la experiencia psicológica de «un grupo de nómadas acosados que escapan de sus opresores a través de un seco canalón», convencidos de que Yahveh les ayudaba.[89] La Caída y el pecado original son, para los autores de este *Catecismo,* la descripción simbólica de la universalidad del pecado, y Romanos 5:12 ss. no dice nada en favor de la historicidad de tales hechos, ya que Pablo se acomodó a la visión de la Historia vigente en su tiempo.[90] También niegan la resurrección corporal, asegurando que las expresiones bíblicas al respecto son dramatizaciones espléndidas del misterio que ha comenzado ya en nuestro cuerpo espiritual con el «nuevo nacimiento», y que continuará más allá de la tumba, así que *la existencia de ultratumba es ya algo así como la resurrección del nuevo cuerpo,*[91] aunque podemos continuar usando las expresiones bíblicas «para hablar de ello a los niños», es decir, como historietas para la Escuela Dominical.

CUESTIONARIO:

1. ¿Dónde tiene sus raíces el Modernismo radical? 2. ¿Cómo resumiría Ud. la doctrina modernista? 3. ¿Por qué son doblemente relativas las fórmulas de la fe, según el Modernismo? 4. ¿Qué matiz añade a este relativismo modernista la filosofía existencialista? 5. ¿Qué juicio le merecen a usted los documentos de Pío X condenando el Modernismo? 6. ¿Cómo expone Schillebeeckx la vía media del Modernismo moderado, o «perspectivismo» teológico? 7. ¿Por qué no podemos admitir dicho perspectivismo? 8. ¿En qué forma se expresan H. Küng y el Catecismo Holandés, entre otros vanguardistas católicos, a este respecto?

89. V. p. 40 de la edición inglesa; también la p. 49.
90. V. pp. 261-267.
91. V. pp. 472-479.

LECCION 13.ª LA «NUEVA TEOLOGIA» Y EL EXISTENCIALISMO

1. El Existencialismo

En la lección anterior hemos aludido al existencialismo como el principal ingrediente de la «Nueva Teología». Mucha gente habla y oye hablar del existencialismo como de algo relacionado con los «hippies», los «Beatles», Picasso, Debussy, Camus o H. Miller, pero todos estos nombres son sólo reflejos de la influencia que el Existencialismo tiene en la pintura, en la música, en la literatura, etc. Sin embargo, el Existencialismo es, básicamente, una filosofía; y, por cierto, muy difícil de resumir, por cuanto todo resumen o esquema implica una sistematización conceptual, lo cual choca de frente contra el principio básico del Existencialismo. Sin embargo, trataremos de dar una idea aproximada del mismo:

A) Contra el concepto escolástico de naturaleza humana como *esencia* que contiene cuanto es necesario para comprender lo que es ser hombre, ya que el hombre individual es como una copia de la *especie humana* (hecha concreta por los principios individuantes), el Existencialismo proclama que «la existencia precede a la esencia» (el hombre es lo que llega a ser), es decir, los hechos humanos determinan sus cualidades o *naturaleza*. Cada ser humano es «totalmente otro», diferente de los demás de un modo radical, arrojado al mundo, atrapado en su existencia, teniendo que hacerse a sí mismo a fuerza de decisiones, entre un manojo de posibilidades, en un mundo sin rumbo y sin sentido. Esta es nuestra «libertad a la fuerza», por la que nos vemos obligados continuamente a escoger sin guía, sin escape, sin sentido. No olvidemos que este sistema ha germinado en el clima de dos guerras mundiales. Incluso los existencialistas que creen en Dios, aseguran que la fe es como «un salto en el vacío», «un riesgo en la oscuridad».[92]

B) Consiguientemente, contra el método realista-conceptual de la filosofía escolástica, según el cual nuestras ideas son representaciones adecuadas de la realidad, el Existencialismo asegura que todo conocimiento *racional* es imposible. Podemos objetivar los objetos, no en el sentido de ser capaces de adentrarnos en lo profundo de su ser, ya que esto es imposible (puesto que la íntima esencia de los seres es *trascendente),* sino porque son «algo-que-está-ahí», o sea, «ob-jetos» («puestos enfrente»), como *instrumentos* de que servirnos. Todavía es más difícil el conocimiento de nuestros semejantes, puesto que cada ser humano está cerrado en su inevitable «alteridad», aunque podemos intentar un contacto, al fin y al cabo necesario, mediante la intuición, la simpatía y el encuentro «existencial». La razón de esta dificultad está en que sólo podemos conocer a través de experiencias vivas, es decir, de vivencias personales que son radicalmente de nuestra íntima propiedad; para conocer a otros, tendríamos que *vivir* sus experiencias personales, lo cual es imposible. Más imposible es aún el conocer a Dios, pues Dios es *totalmente trascendente,* es decir, totalmente fuera de los límites de nuestra experiencia personal intramundana.

C) De aquí se sigue que la vida humana es esencialmente un *drama:* una pieza de teatro en la que las escenas se suceden de un modo imprevisible y con un final desconocido; no hay conexión causal entre los hechos, sino una enigmática sucesión de eventos, ya que nuestras libres decisiones están entramadas y atrapadas en la contextura de un sino fatal. No se puede subestimar este elemento dramático del moderno

92. Hay existencialistas rabiosamente ateos, como J. P. Sartre; agnósticos, como M. Heidegger; creyentes en Dios, como Kierkegaard, Barth, G. Marcel.

Existencialismo. Es sintomático el crecimiento del Existencialismo dentro de la Iglesia Romana juntamente con el incremento del movimiento litúrgico. Y es que la liturgia es la «dramatización de la fe», en que ritos y ceremonias se trenzan en torno a los «símbolos», los cuales quedan así expresados en gestos y objetos investidos de sentido espiritual y capaces, por lo tanto, de penetrar en el subconsciente por la vía de la experiencia subjetiva, emocional, remontando los límites del conocimiento explícito y de la verdad proposicional.

Esta línea existencialista puede advertirse claramente en todos los documentos del Vaticano II, así como en los autores citados en las dos lecciones anteriores. A lo largo de todo este Curso, podremos detectar la influencia del Existencialismo en las nuevas corrientes de la Teología Romana, cuando hayamos de descender en detalle a los distintos asuntos de la temática teológica.

2. Crítica del Existencialismo

El error básico del Existencialismo es absolutizar la «existencia» humana, pasando por alto las características comunes de la «naturaleza» humana. Es cierto que, muchas veces —sobre todo, en el pasado— el individuo parecía tener muy poco valor y era tratado *masivamente,* como un objeto más, bajo el dominio de la que podríamos llamar «ideocracia», esto es, el poder absoluto de las normas y principios impuestos a la masa por el Estado o por la Iglesia oficial, pero es preciso recordar también que la palabra de Dios, de una manera maravillosamente equilibrada, mantiene ambos extremos: un origen común del hombre, una caída común, y una común necesidad de un Salvador de la humanidad, juntamente con la llamada personal, individual, de Dios a la fe, al «nuevo nacimiento», a la salvación, *uno por uno* (esta es la fuerza del distributivo «hósoi» en el original de Juan 1:12), como algo totalmente propio y particular (V. Apocalipsis 2:17; 19:12), esto es, realmente «existencial».

3. La «Nueva Teología» y el Ecumenismo

Como remate de toda esta sección sobre la «Nueva Teología», vamos a indicar la influencia que las nuevas corrientes tienen en el terreno ecuménico.

La unidad y el Ecumenismo han sido ya tratados en este Curso y en el correspondiente al tratado de Iglesia. Un distinto concepto de «Iglesia» y un distinto concepto de «unidad» nos llevan a propugnar un «ecumenismo» también distinto del de la Iglesia de Roma. Pero, además, las corrientes propugnadas por la «Nueva Teología» entrañan una influencia decisiva en el terreno ecuménico:

A) El *humanismo* universalista y temporalista, con su énfasis en la salvación *social,* favorece la idea de una organización visible, corporativa, de la Iglesia, expresada en términos territoriales, estructurados jerárquicamente y hasta burocráticamente. Ningún sistema mejor preparado para ello hay que la Iglesia Católica Romana.

B) El *Modernismo* va poniendo en interrogante la autoridad de la Biblia. Si la Biblia es un libro humano, en el que todo lo sobrenatural y milagroso debe ser considerado como un *mito* construido por la experiencia subjetiva de los escritores y masticado por la experiencia subjetiva de los lectores, perdemos la *objetividad* del mensaje, y es la conciencia subjetiva de la comunidad lo que cuenta. Así llegamos a la conclusión de Newman: sólo una comunidad visible provista de una cabeza infalible puede garantizar la certeza de la fe y la fidelidad de la evolución dogmática: *Si negamos la autoridad de la Palabra, hemos de atender a la palabra de la Autoridad.*

C) Según el *Existencialismo,* nada es *objetivamente* bueno o malo, falso o verdadero; lo importante es escoger libremente, sinceramente, *auténticamente,* es decir, originalmente. Por tanto, ¡basta ya de teorías, y sentémonos en derredor de una mesa para confrontar nuestras opiniones, sentimientos, experiencias, etc. de manera amistosa y servicial!

«La doctrina divide, el servicio une» —grita el Ecumenismo de hoy—. Así, el que más y mejor corra por estos caminos, se llevará el gato del Ecumenismo al agua.

CUESTIONARIO:

1. Resuma la doctrina existencialista como un sistema del ser, del conocer y del hacer.2. ¿Qué opina del Existencialismo? 3. ¿Cómo influyen las corrientes de la «Nueva Teología» en el Ecumenismo actual?

Doctrinas sobre la Virgen María

LECCION 14.ª

ACTUALIDAD DE LA MARIOLOGIA

1. Mariología y Ecumenismo

En la primera mitad del presente siglo, se tenía la impresión, tanto en los círculos eclesiásticos como entre los seglares devotos y cultos de la Iglesia de Roma, de que, además del dogma de la Asunción corporal de María a los Cielos (proclamado por Pío XII en 1950), otros dos privilegios de María estaban en camino, y aun en las proximidades, de la definición dogmática: la Mediación Universal de María en la aplicación de la salvación, y la Corredención de María junto a la Cruz del Calvario. Esta impresión era especialmente viva en los países latinos y latinoamericanos. Los Manuales de Teología solían cualificar a estas tres doctrinas (Asunción, Mediación, Corredención) como: «próximas a ser definidas».

Sin embargo, a medida que se acercaba la apertura del Vaticano II, muchos de los teólogos progresistas, especialmente los centroeuropeos, comenzaron a descartar la posibilidad de nuevos «dogmas» marianos. Más aún, algunos empezaban a parecer molestos ante el hecho de que los dos últimos «dogmas» ya definidos (la Inmaculada Concepción y la Asunción) constituían una de las principales barreras para el diálogo ecuménico con los «hermanos separados». Por eso, un obispo francés, tras la primera sesión del Vaticano II, se aventuró a espetarle a un amigo suyo «protestante», a su regreso a Francia: «¡Albricias, amigo: no más dogmas!»

2. Interés despertado en el lado protestante acerca de la Mariología

Uno de los signos del creciente acercamiento de muchos «protestantes» a la Iglesia de Roma es el nuevo interés en la Mariología, despertado entre las altas jerarquías de la Iglesia Anglicana y entre muchos de los teólogos «ecumenistas», especialmente, entre los monjes «protestantes» de Taizé. Se registra hoy una creciente devoción a María en la Iglesia de Inglaterra, con frecuentes peregrinaciones a Lourdes, fomentadas y encabezadas por altos dignatarios de dicha denominación. El autor pudo ver, ya en la primavera de 1963, en los bancos de una catedral anglicana del Oeste de Inglaterra, unas hojitas invitando a los fieles a rezar el Rosario.

En 1962, el monje de Taizé Max Thurian publicó su libro *Marie Mère du Seigneur, figure de l'Église*. Este libro contiene tan gran caudal de doctrina semejante a la del Vaticano II acerca de María, que el difunto Dr. Morcillo, entonces Arzobispo de Zaragoza, al escribir el prólogo para la edición castellana del mismo, lo ensalzó con entusiasmo y dijo que lo usaba diariamente como «lectura espiritual».

3. Entre los teólogos católico-romanos

En las dos décadas anteriores al Vaticano II, surgió entre los teólogos católico-romanos un áspero debate acerca de la posición de María respecto a las doctrinas de la salvación y de la Iglesia. La división enfrentaba dos tendencias opuestas: la «minimalista» y la «maximalista». Los teólogos liberales o progresistas son llamados «minimalistas» porque tienden, como regla general, a minimizar lo que ellos creen exagerado énfasis en el papel de María y desviadas exuberancias en el culto y devoción a la Virgen por parte del vulgo católico. En cambio, los teólogos conservadores o tradicionalistas, con pocas excepciones, son llamados «maxima-

listas» porque tienden a conceder a María una posición pro-
gresivamente superior con crecientes privilegios. Los «minimalistas» arguyen correctamente que es muy significativo que
María no vuelva a ser mencionada en el Nuevo Testamento
a partir de Hechos 1:14; pero los «maximalistas» insisten
que la Mariología es algo básico, vital, central en la Teología
Católica. K. Barth solía decir (quizá con un poco de exageración) que los dogmas marianos constituían «el punto
central o gozne del dogma católico, con el cual todo lo demás
se sostiene o cae».[1] También hacía notar el elemento humanístico, tan esencial en el sistema romano, que late en la
Mariología. Es cierto que, para la mayor parte de los católicos devotos, María es la «Madre Celestial», respetada y ve-
nerada junto con la «Madre Iglesia».

W. Hurvey Woodson[2] relata una conversación habida con
un jesuita irlandés, quien argüía que la Cristiandad era como
una gran familia y que, puesto que en cada familia hay un
padre y una madre, era también natural que hubiese una
«Madre» universal para la familia cristiana. Viendo que la
Mariología es una barrera importante para el diálogo ecuménico, muchos católicos de vanguardia (y, naturalmente,
muchos teólogos) procuran sumergir los dogmas marianos en
los símbolos de la liturgia, para presentarlos dentro de una
perspectiva aceptable a los «hermanos separados», mientras
aires místicos, junto con el humanismo que la Mariología
comporta, van conduciendo a muchos «protestantes» hacia
la devoción a la Virgen María, como ya hemos dicho en el
p.º 2.

Uno de los más interesantes episodios del debate «mini-
malista-maximalista» tuvo lugar en octubre de 1963, cuando
el tema de María comenzó a ser discutido por los obispos
del Vaticano II. Se discutió si la Mariología habría de tratarse
como un esquema aparte o incorporada en el Documento

---

1. Citado de G. C. Berkouwer por W. Hurvey Woodson en su
artículo *The New Roman Catholicism,* en la revista *On the Road
to Damascus,* marzo de 1969, p. 22.
2. En el mismo artículo, p. 22.

sobre la Iglesia. Una votación habida el 29 de octubre de aquel año dio 1.074 sufragios en favor de la discusión por separado, contra 1.174 en favor de la incorporación en el esquema sobre la Iglesia. En la clausura de la tercera sesión del Concilio (21 de noviembre de 1964) el Concilio aprobó por enorme mayoría el esquema final de la *Constitución Dogmática sobre la Iglesia,* cuyo 8.º y último capítulo está dedicado al tema de la Virgen María. La tendencia «maximalista» salió, así, derrotada, pero (¿como compensación?) aquel mismo día, en su discurso de clausura, el Papa Pablo VI proclamó solemnemente «a la Santísima Virgen María como Madre de la Iglesia, esto es, Madre de todo el pueblo de Dios, tanto de los fieles como de los pastores», añadiendo que «el conocimiento de la verdadera doctrina católica sobre María será siempre la llave de la exacta comprensión del misterio de Cristo y de la Iglesia».[3]

Estas afirmaciones papales, terminadas con una ferventísima plegaria a María, parecieron tan significativas a los ojos de los «maximalistas», que uno de los más destacados de ellos, refiriéndose a aquel «histórico discurso» llegó a decir que el Papa había salvado al Concilio de una completa desviación.[4]

En las páginas siguientes, nos referiremos varias veces al debate entre estas dos tendencias: los «maximalistas» y los «minimalistas».

---

3. Párrafo 23 del discurso en la edición castellana de la B.A.C.
4. N. García Garcés, en su prólogo a la traducción castellana del libro de J. B. Carol, *Mariología* (Madrid - B.A.C.).

CUESTIONARIO:

1. *¿Qué altibajos ha sufrido la Mariología en lo que va de siglo?* 2. *¿Qué actitud vienen adoptando los altos círculos anglicanos respecto a la Virgen María?* 3. *¿Sabe Ud. el nombre de un conocido monje «protestante», gran devoto de la Virgen María?* 4. *¿A qué se llama «tendencia maximalista» y «minimalista» en la Mariología católico-romana?* 5. *¿Cuál es el elemento humanístico latente en la Mariología?* 6. *¿Cómo se desarrolló en el Vaticano II el debate sobre la Mariología?*

LECCION 15.ª LA MATERNIDAD DIVINA DE MARIA Y SU VIRGINIDAD PERPETUA

1. La maternidad de María respecto del Hijo de Dios

Contra Nestorio, que ponía dos personas en Cristo, unidas moralmente,[5] haciendo así a María madre del hombre-Jesús, pero no del Hijo de Dios, el Concilio de Efeso (a. 431) definió: «Si alguien no confiesa que el Emmanuel (Cristo) es verdaderamente Dios y, por tanto, que la Santa Virgen es Madre de Dios (griego: "theotókos" = que dio a luz a Dios), ya que engendró según la carne al Verbo de Dios hecho carne, sea anatema» *(Denzinger, 252)*. La definición, por tanto, es primordialmente *cristológica,* con el intento de preservar la unidad de persona en Cristo, no obstante la dualidad de naturaleza: divina, como Unigénito del Padre e igual a El; humana, siendo hombre perfecto, aunque sin pecado.

Los pasajes novotestamentarios que avalan esta definición son: a) Lucas 1:35, «por lo cual también el Ser que nacerá santo, será llamado Hijo de Dios»; b) Lucas 1:43, «¿Por qué se me concede a mí, que la madre de mi Señor venga a mí?» (nótese que el «Kyrios» de Isabel es el «Adonai» del Antiguo Testamento, o sea, Dios); c) Gálatas 4:4, «Dios envió a Su Hijo, nacido de mujer». En un intento de confirmar esto, la Teología Católica echa mano —correctamente— de la Metafísica «vulgarizada», diciendo que María es Madre de

---

5. El error de confundir «persona» y «naturaleza» condujo a la herejía del Nestorianismo (dos naturalezas = dos personas) y a la del Monofisismo (una persona = una naturaleza).

Dios, porque ejercitó con la única persona de Jesús —el Hijo de Dios, que es Dios como el Padre— la misma función maternal que nuestras madres ejercen respecto a nuestras personas, a pesar de que nuestras madres sólo nos suministran el organismo corporal, no el alma, donde se encuentra el principio radical de la individuación personal. El hecho de que el Nuevo Testamento jamás llame a la Virgen «Madre de Dios», podría explicarse por la mala interpretación que a este epíteto hubiesen dado tanto los judíos (¡Madre de Jehová o Yahveh!) como los gentiles (¡una divinidad femenina!)

No debemos caer en el mismo error que Nestorio, malinterpretando este epíteto e imputando a la Iglesia de Roma lo que nunca ha enseñado. Roma no dice que María sea la *madre de la naturaleza divina* de Cristo, sino *madre del Hijo de Dios según la carne.* Por tanto, argüir que el llamar a María «Madre de Dios» equivale a convertirla en *creadora de su Creador,* es un despiste total.

2. Falsas consecuencias de la definición de Efeso

Mas, aunque la definición de Efeso aparezca correcta, debemos hacer dos observaciones de suma importancia:

A) Nuestra personalidad emerge automáticamente de nuestra naturaleza humana, tan pronto como ésta es concebida en el seno materno, mientras que la persona (¡divina!) de Cristo *preexistía* desde la eternidad a Su naturaleza humana, formada en el seno de María, de tal manera que, mientras la formación de nuestra personalidad está fundamentalmente subordinada a la función maternal de nuestras madres, la personalidad divina de Cristo trasciende infinitamente la función maternal, los derechos maternos y los poderes naturales de María.

B) Las conclusiones teológicas de la Dogmática de Roma han sobrepasado excesivamente el tenor de la definición de Efeso (de que «la Santa Virgen engendró *según la carne* al Verbo de Dios hecho carne»), urgiendo indebidamente (unívocamente, es decir, equiparando totalmente la maternidad de María con la de nuestras madres) la relación maternal de María respecto del Hijo de Dios, hasta llegar a concluir: a) que María pertenece *internamente* al orden hipostático trinitario, o sea, al círculo íntimo del Dios Trino, como «Madre del Hijo»; b) que María fue ónticamente santificada por el mero hecho *(formaliter)* de su «maternidad divina»; c) que, por tanto, María fue absolutamente impecable por necesidad *moral*.[6]

No estará de más advertir que la definición dogmática de la maternidad divina de María tuvo lugar en Efeso, seguida de una procesión de antorchas, un siglo después que los gentiles hubieron entrado masivamente (oficialmente) en la Iglesia. ¿No verían los efesios en este título una base para un culto sucedáneo del de Diana (Hechos 19:34)? Comparando el título «Reina del Cielo», de antigua tradición mariana, que se da a María en la Letanía lauretana, con los himnos romanos a Vesta, y el mismo título «Reina del Cielo», dado a Astarté en Jeremías 44:17-19,25, no será difícil establecer una conexión de raíz humanística entre el culto pagano a las deidades femeninas y ciertas exuberancias del culto a María.

3. La perpetua virginidad de María

El segundo dogma mariano (por orden cronológico) es el de la perpetua virginidad de María (griego *aeiparthénos*),

---

6. En términos filosóficos, la necesidad es: a) *metafísica,* cuando surge del concepto esencial de una cosa, como la redondez de un círculo (de ahí que la cuadratura del círculo sea un *absurdo,* fuera del objeto de la omnipotencia divina); b) *física,* cuando surge de las leyes físico-químicas de la naturaleza, como es para el fuego el quemar (aunque el ejercicio de esta propiedad puede ser suspendido milagrosa o naturalmente); c) *moral,* cuando surge de la dignidad de una persona o de las constantes ordinarias de la conducta humana, como es el galardón prefijado para un campeón o inventor.

definido por el Constantinopolitano II (a. 553). Su origen va ligado al aprecio creciente de la vida monástica y al menosprecio del matrimonio (estado de *imperfección*). Lugares como 2.ª Corintios 11:2 y, sobre todo, Apocalipsis 14:4, mal interpretados, sirvieron para reforzar el mismo sentimiento de sobrevaloración de la virginidad material.

Este asunto ha estado ligado a la interpretación que de la palabra «adelphós» se ha hecho en relación a los que el Nuevo Testamento llama «hermanos del Señor». En la primera edición de la Biblia Nácar-Colunga, el dominico P. Colunga admitía que resultaba difícil encontrar en la Biblia un argumento concluyente a favor de la virginidad de María después del nacimiento virginal de Jesús, siendo la Tradición el único recurso definitivo para el «dogma». En el lado opuesto, el evangélico obispo anglicano Ryle, en su comentario a Juan 2:12, defiende vigorosamente que los «hermanos» de Jesús bien pueden ser «primos», de acuerdo con el uso del Antiguo Testamento.[7]

Ha sido enseñanza tradicional en la Iglesia de Roma que las palabras de María en Lucas 1:34 («¿cómo será esto, ya que no conozco varón?»), implicaban un voto de perpetua virginidad, aunque los modernos teólogos encuentran muy problemático este caso. Sin embargo, todos ellos convienen en que los textos que parecen una objeción a tal virginidad pueden interpretarse de un modo favorable al dogma y añaden que Juan 19:26 presupone que María no tenía más hijos, pues de lo contrario resultaría incomprensible que el Señor hubiese encomendado a Juan el cuidado de su madre. Pero este argumento no tiene en cuenta el hecho de que Jesús había manifestado más de una vez que era el aspecto espiritual el importante en la relación con El, mientras que sus hermanos aparecen en el Evangelio como no-creyentes (véase Juan 7:5).

---

7. Sin embargo, no encontramos en el N. Testamento el empleo de «hermanos» por «primos». Lucas distingue bien entre «hermano» («adelphós» - Luc. 8:21; 16:28) y «pariente» («synguenís» - Luc. 1:36) e «hijo de una hermana» (Hech. 23:16).

A lo largo de los siglos, un falso ascetismo condujo a representar a José, en el arte y en la literatura, como un anciano desposado con la joven María, y a ambos como ligados por sendos votos de castidad perpetua, para evitar el pensamiento mismo de que María y José hubiesen podido comportarse, después del nacimiento de Jesús, como cualquier otra pareja normal. A ello contribuyó la excesiva sacralización del seno fisiológico de María a partir de la Encarnación.

CUESTIONARIO:

1. ¿Cómo definió el Concilio de Efeso la maternidad de María? 2. ¿Tiene este dogma algún apoyo en el Nuevo Testamento? 3. ¿Tiene esta doctrina algún apoyo racional? 4. ¿Hace esta doctrina a María «creadora de su Creador»? 5. ¿Qué diferencia hay entre la maternidad de nuestras personas y la del Hijo de Dios? 6. ¿Qué excesos ha cometido la Dogmática de Roma en las conclusiones teológicas de esta doctrina? 7. ¿Cómo surgió la «tradición» de la perpetua virginidad de María y cómo se ha expresado en la exégesis y el arte?

LECCION 16.ª

LA MEDIACION UNIVERSAL DE MARIA RESPECTO DE LA GRACIA

1. El paralelismo Eva-María

Aunque la definición de Efeso preparó el camino para una progresiva exaltación de María, el primer paso hacia la moderna Mariología fue dado a través de un excesivo énfasis en el paralelismo «Eva-María». Este paralelismo implica que así como Eva, por escuchar a la serpiente e inducir al pecado a Adán, fue la primera causante de nuestra ruina, así María, por creer al ángel y actuar en sintonía con Jesús (el postrer Adán), dio el primer paso para nuestra salvación.

Este paralelismo aparece ya en Justino (a. 150?), aunque Justino se limita a contrastar la obediencia de María con la desobediencia de Eva.[8] Medio siglo después, Ireneo da un paso más: «Así como Eva... fue desobediente, y vino a ser así causa de muerte para sí y para toda la humanidad, así también María... por su obediencia, llegó a ser causa de su propia salvación y de la de toda la raza humana.»[9] Es de notar que este paralelismo, si no se saca de sus límites analógicos, es tan susceptible de interpretación ortodoxa, que el famoso escritor bautista J. Bunyan lo emplea en la Segunda Parte de su alegoría *El Viaje del Peregrino.* Pero todo paralelismo comporta una analogía (semejanza, no identidad), y la tradición católico-romana ha llevado tal analogía a extremos inadmisibles.

---

8. V. su *Diálogo con el judío Trifón,* 100 (Rouct, 141).
9. *Adversus haereses* III, 22,4 (Rouct, 224).

2. Un nuevo elemento prestado por la filosofía platónica

De Orígenes en adelante, un nuevo elemento entró en escena. La filosofía platónica suministró, con su teoría de los «tipos» específicos, una buena base para la maternidad universal de María, al hacer a todos los hombres participantes de la naturaleza humana de Cristo. Así María vino a ser la madre de cuantos tienen *vida en Cristo*.[10] De modo semejante, Agustín de Hipona basa su doctrina de la maternidad espiritual de María en la unión mística de los creyentes con Cristo.[11] Esta doctrina fue proclamada así por Pío X en su encíclima *Ad diem illuum:* «Cristo tomó un cuerpo de carne en el vientre de su purísima Madre y, al mismo tiempo, un cuerpo espiritual formado por todos aquellos que habían de creer en Él. Por tanto, se puede decir que María llevó en su seno al Salvador y, al mismo tiempo, a todos aquellos cuya vida estaba incluida en la vida del Salvador.»[12]

En estas afirmaciones vemos dos equívocos importantes: a) Pío X enlaza el elemento *fisiológico* de la maternidad de María respecto del Salvador, con el elemento *espiritual* de la salvación, como si María fuese también la madre espiritual del Salvador; b) Pío X transfiere la función salvífica de Cristo-Cabeza en la aplicación de la Redención a cada creyente, desde el momento actual del «nuevo nacimiento» a la gestación de Cristo en el vientre de María, *como si los creyentes hubiesen sido hechos miembros de Cristo en el vientre de la Virgen en el momento de la Encarnación.*

---

10. V. su *Comentario a S. Juan* I, 4,23. Es conocido el platonismo de Orígenes. Según Platón, las «ideas» o tipos de cada naturaleza específica, son la única realidad consistente, mientras que el mundo experimental (los objetos o individuos) son una deficiente imitación del tipo ideal. De ahí dedujeron los «Padres» platónicos, que la naturaleza humana perfecta se hace *una* en Cristo.
11. En *De sacra virginitate*, 6, 6.
12. Pío X cita Luc. 2:11; Rom. 12:5 y Efes. 5:30.

3. La teoría del «acueducto de las gracias»

En la Edad Media, la Mediación de María fue propuesta por Bernardo, Buenaventura, Bernardino de Siena, etc., bajo otro símbolo: María es el «cuello» o «acueducto» de todas las gracias, de tal manera que toda la vida espiritual que desciende a nosotros desde la Cabeza-Cristo, pasa por las manos de María. Esta exposición doctrinal iba mezclada de excesivo lirismo y sentimentales extravagancias. La llamada *vía afectiva* vino así a ser base aceptable para el crecimiento de los dogmas.[13]

Las afirmaciones explícitas de esta doctrina comenzaron en el siglo VIII. Germán de Constantinopla († 733) dice a la Virgen: «Nadie puede recibir una gracia sino a través de ti.» Bernardo de Claraval († 1153) dice de ella: «Dios ha querido que todo nos venga por las manos de María.» Papas y teólogos han rivalizado en las dos últimas centurias en exaltar la Mediación de María, habiendo sido Alfonso de Ligorio el campeón indiscutible en esta competición. En su libro *Las Glorias de María*, llega a decir frases tan encendidas como éstas: «Hay cosas que se piden a Cristo y no se reciben, pero si se piden a María son otorgadas.»[14] «Si mi Redentor me rechaza, me arrojaré a los pies de María.» «¡Señora nuestra, en el Cielo no tenemos otro abogado que tú!»[15] León XIII afirma: «Así como nadie puede acercarse al Padre sino por el Hijo, así de modo semejante, nadie puede acercarse a Cristo sino por su Madre.»[16] Pío X, en su ya

---

13. Pensamos que las emociones tienen su puesto en el calor que prestan a la fe *fundada en el contenido objetivo* del mensaje revelado, no en la inventiva que puedan desarrollar para el crecimiento del dogma.

14. Ligorio cita en su favor la leyenda de las *Florecillas de S. Francisco*, según la cual el hermano León vio una escala roja para subir al Cielo, con Cristo arriba, por la cual muchos frailes trepaban sin éxito. Vio entonces otra escala blanca, con la Virgen arriba, por la cual se subía fácilmente, pues María conducía de la mano a sus devotos para que escalasen sin dificultad el Cielo.

15. No entendemos cómo puede esto conciliarse con Hech. 4:12; Hebr. 4:16; 1 Jn. 2:1-2.

16. En su encíclica *Octobri mense* (V. Denzinger, 3274).

citada encíclica, dice: «No es nuestra intención atribuir a la Madre de Dios el poder de causar la gracia sobrenatural, que es privativo de Dios, pero, puesto que ella supera a todos los demás en santidad y unión con Cristo y fue asociada por Cristo a la obra de la salvación... es la principal medianera en la distribución de las gracias» (Denzinger, 3370). Y Benedicto XV añadió: «María... es la mediadora con Dios de todas las gracias.»

4. ¿Qué dice la Teología moderna a este respecto?

Los Manuales de Teología suelen explicar este privilegio de María diciendo que la Virgen, por su intercesión maternal en los Cielos, participa en la distribución de las gracias. Esto no implica que siempre tengamos que rezar *a* la Virgen para obtener una gracia, ni que la función de María sea absolutamente necesaria para la provisión de las gracias, sino que, *de acuerdo con el divino beneplácito,* María ha sido instituida como un canal subordinado, pero indispensable, por el que todos los frutos de la Redención son aplicados a los hombres.

Con todo, un teólogo tan conservador como L. Ott se ve obligado a confesar: «Faltan pruebas escriturales expresas. Los teólogos buscan un apoyo bíblico en las palabras de Cristo en Juan 19:26 ss.: "Mujer he ahí tu hijo", "He ahí tu madre", pero, de acuerdo con el sentido literal, dichas palabras se refieren sólo a las personas a quienes van dirigidas: María y Juan.»[17]

El Vaticano II, aunque sin perder contacto con los pronunciamientos anteriores, parece haber puesto sordina a ésta como a otras doctrinas mariológicas.[18]

Toda esta materia de la Mediación de María se refiere a la *aplicación* de la Redención, que María se supone ejercer

---

17. En *Fundamentals of Catholic Dogma*, p. 214.
18. V. la *Constitución Dogmática sobre la Iglesia*, puntos 55-65.

desde su «Asunción a los Cielos». Acerca de su pretendida cooperación en la realización de la Redención (Corredención), hablaremos en otra lección.

CUESTIONARIO:

1. ¿Qué expresa el paralelismo «Eva-María» y cómo se desarrolló a partir del siglo II?   2. ¿Qué nuevo elemento prestó la filosofía platónica?   3.   ¿Qué le parece de las afirmaciones de Pío X a este respecto?   4. ¿En qué consiste la teoría del «acueducto» aplicada a María?   5. ¿Cómo llegó a expresarse Alfonso de Ligorio, el campeón de la Mariología?   6. ¿Cómo explica Pío X la mediación de María?   7. ¿Qué línea sigue el Vaticano II en este punto?

LECCION 17.ª

LA INMACULADA CONCEPCION DE MARIA

1. Sentido de esta doctrina

Siguiendo el orden cronológico, nos encontramos con uno de los más recientes «dogmas» marianos (y el más solemnemente definido en toda la Historia de la Iglesia): el de la Inmaculada Concepción de María. Esto significa que María fue preservada de la contaminación general causada por el pecado original desde el primer momento en que fue concebida en el vientre de su madre.

La inmensa mayoría de los católicos desconocen el verdadero significado de esta doctrina y piensan que se trata, ya de la virginidad (sobre todo sexual) de María, ya de su impecabilidad (especialmente en materia de castidad). Algunos llegan a confundir esta doctrina con la de la concepción virginal de Jesús en el vientre de María.

2. Silencio antiguo y polémica medieval

Este dogma fue completamente ignorado en las primeras centurias de la Iglesia. Con el desarrollo de la Mariología durante la Edad Media, llegó la controversia. Los más relevantes «doctores» de la Iglesia (entre ellos, Tomás de Aquino), al mantener con firmeza la universalidad del pecado original juntamente con la general necesidad de Redención, negaron abiertamente tal «dogma», pero la escuela franciscana encontró una sutil distinción: hay dos clases de redención, una *liberativa,* en la que entran todos los que son salvos del pecado ya contraído; otra *preservativa,* propia de María, que fue prevenida por la gracia para que no contrajera el contagio común del pecado original.[19] El campeón de esta fórmula, el franciscano J. Duns Scot († 1308), exponía así su argumentación en favor de la Inmaculada: «El más excelente Redentor había de encontrar la más excelente fórmula para redimir a su madre. El modo más excelente es preservarla de la corrupción original. Luego así lo hizo.»[20]

3. La solemnísima definición

Los franciscanos ganaron la batalla y el consentimiento acerca de este dogma se hizo unánime dos siglos después. Finalmente, Pío IX, en su Bula *Ineffabilis Deus* del año 1954 (poco después empezaron las «apariciones» de Lourdes), definió «que la doctrina que sostiene que la beatísima Virgen María, desde el primer instante de su concepción, fue preservada inmune de toda mancha del pecado original, por singular gracia y privilegio de Dios Omnipotente, en previsión de los méritos[21] de Jesucristo, Salvador del género humano, ha sido revelada por Dios y, por tanto, ha de ser creída firme y constantemente por todos los fieles» (Denzinger, 2803).

---

19. Un ejemplo usado para ilustrar esta doctrina es el siguiente: el agua emponzoñada de un servicio público a domicilio puede ser desinfectada y filtrada, ya en el mismo grifo del interior (así es la redención *liberativa*), ya antes de que penetre en el edificio (así es la redención *preservativa*).

20. Este argumento suele resumirse en la famosa fórmula «*potuit, decuit, ergo fecit*» = Pudo (Dios) hacerlo; fue conveniente que lo hiciera; luego lo hizo.

21. El latín de la Bula dice «*intuitu meritorum Christi*» = en previsión de los méritos de Cristo, porque la Redención del Calvario no se había efectuado aún, pero, en la presciencia divina, ya estaba contabilizada, como el adelanto de dinero efectuado en virtud del crédito de una empresa que, con seguridad, será capaz de amortizar la deuda. Ahora bien, el singular privilegio de María en la mente del Papa no consiste en que fuese redimida «en previsión de los méritos de X.°», puesto que esto fue común a todos los que fueron santificados (de gracia, por fe) antes del sacrificio del Calvario, sino en que fue «*preservada* inmune del contagio» mientras todos los demás son *liberados* del pecado ya contraído.

Los textos bíblicos en que la Teología tradicional de Roma ha buscado un apoyo para este «dogma» son dos: A) Génesis 3:15, entendiendo que la «mujer» de perpetuas enemistades con la serpiente, cuya cabeza había de quebrantar en unión con su Hijo, es proféticamente María. A esto coadyuvó la Vulgata Latina vertiendo el pronombre hebreo «hu» = él, por «ella», como si fuese esta Mujer (María) la que había de quebrantar la cabeza de la serpiente. La respuesta a este argumento es que el pronombre hebreo es admitido hoy como masculino por exegetas de ambos bandos y, por otra parte, nada induce en el texto ni en el contexto a pensar que pueda allí hablarse de otra mujer que de Eva, la única presente en la conversación; B) Lucas 1:28, urgiendo que el participio «kecharitoméne» significa «repleta de gracia» hasta los topes, sin dejar resquicio a pecado alguno, ni original ni personal.[22] Esta afirmación carece de todo fundamento y, para refutarla, basta con advertir que Efesios 1:6 usa exactamente el mismo verbo griego, sin que a nadie se le ocurra decir que todos los creyentes estén *repletos de gracia.*

Los evangélicos tenemos que oponer a este «dogma» textos bíblicos muy claros: Romanos 3:9-31; 5:12 dejan bien sentado que, excepto Cristo, no hay *un solo* ser humano libre de pecado, y que el único modo de ser salvo es «de gracia mediante *la fe*» (V. también Efesios 2:8); por eso, Isabel dice de María en Lucas 1:45: «bienaventurada la que creyó.» Por otra parte, Hebreos 4:15; 7:26 confirman que Cristo es el único sin pecado y, por tanto, *el único capaz de interceder ante Dios por nosotros* (V. también 1.ª Juan 2:1-2).[23]

---

22. V. L. Ott, o.c., p. 200. Hasta hace poco, *todas* las versiones católicas romanas del N. Testamento vertían «llena de gracia». Recientemente han aparecido al menos dos (ecuménicas) que se apartan de la rutina para verter, p. ej. «altamente dotada de gracia». Correcto, si *gracia* implica *favor gratuito enteramente.*

23. Recuérdese lo de la salvación *preservativa*, para no argüir de Luc. 1:47.

En la época inmediatamente anterior al Vaticano II, los teólogos «maximalistas» intentaron nuevos avances mariológicos, hasta llegar a decir que, siendo María ónticamente santa por su maternidad divina, era necesario que fuese dotada de tal plenitud de gracia santificante, que no sólo fuese preservada del contagio que, como hija de Adán, *debía* contraer, sino también de girar en la órbita de Adán pecador (como todo el resto de la familia humana), con lo que quedaba libre del más remoto *peligro* de llegar a contraer el pecado original. Los «minimalistas» insisten en que María pertenecía a la descendencia pecadora de Adán y, por tanto, hubiera contraído el pecado a no ser preservada singularmente.

4. Impecabilidad personal de María

Aunque la impecabilidad personal de María no es «dogma de fe», «*la Iglesia sostiene*» —leemos en Denzinger 1573— que la Virgen María obtuvo de Dios el privilegio especial de poder evitar durante toda su vida todos los pecados incluso veniales. Agustín de Hipona y Tomás de Aquino afirmaron lo mismo, de distintas maneras, a pesar de haber negado a María la posibilidad de haber sido concebida sin pecado, milagro que atribuyen exclusivamente al Salvador.

En el aspecto positivo de la santidad, los teólogos católicos suelen asegurar que María sobrepasó en gracia a todos los santos y ángeles, aumentando su santidad continuamente, por una constante actitud de amor purísimo, en progresión geométrica, desde su concepción hasta el instante de su tránsito al Cielo. No han faltado teólogos que, para aumentar la capacidad de santificación de María, han asegurado que poseyó completo uso de razón en el vientre de su madre.[25]

---

24. V. Agustín, *De natura et gracia* 36, 42. Tomás, *Summa Theologica*, III, q. 27, aa. 3 et 5.
25. Todas estas exageraciones y otras muchas más se basan: bíblicamente en la versión «llena de gracia» de Luc. 1:28; teológicamente, en la maternidad divina de María.

CUESTIONARIO:

1. ¿Cuál es el verdadero sentido del «dogma» católico de la Inmaculada Concepción de María? 2. ¿Qué obstáculo encontraron siempre los «doctores de la Iglesia» y cómo lo solucionó J. Duns Scot (Escoto)? 3. ¿Quién definió este «dogma»? 4. ¿En qué textos bíblicos apoya la Teología de Roma esta doctrina? 5. ¿Qué tenemos que oponer a la interpretación católica de dichos pasajes? 6. ¿Qué pasajes novotestamentarios nos aparecen como claramente contrarios al referido «dogma»? 7. ¿A qué extremos lleva la Teología de Roma los aspectos negativo y positivo de la santidad de María?

LECCION 18.ª ASUNTA, CORREDENTORA Y FIGURA DE LA IGLESIA

1. La Asunción corporal de María a los Cielos

El primer documento que la Iglesia de Roma alega en favor de este «dogma» data del año 590 (V. Rouet, 2290 b y c). Los obispos orientales del siglo VIII, Germán de Constantinopla († 733) y Juan de Damasco († hacia 750) coadyuvaron poderosamente al crecimiento de esta creencia.[26] Esta creció rápidamente y fue aceptada sin discusión, tanto en Oriente como en Occidente. Muchos obispos del Vaticano I deseaban que el Concilio la definiese como «dogma de fe», pero la decisión fue demorada hasta 1950, cuando Pío XII, en su Bula *Munificentissimus Deus* definió «ser

---

26. V. Rouet, 2390, 3053-3055. Permítaseme traducir un fragmento de la fantástica leyenda citada por Juan Damasceno en una de sus homilías: «Aunque las Escrituras no refieren lo que pasó en la muerte de Santa María, Madre de Dios, sin embargo una antigua y muy verdadera tradición nos ha transmitido que, en el tiempo de su gloriosa muerte, todos los santos Apóstoles que estaban dispersos por el mundo predicando la salvación, fueron trasportados en un instante por los aires y reunidos en Jerusalem; allí se les aparecieron unos ángeles, y se oyó una divina melodía cantada por las potestades superiores. Y así, María entregó su alma santa en manos de Dios de una manera inefable en medio de esta gloria divina y celestial. Su cuerpo... fue depositado en un sepulcro en Getsemaní, donde los ángeles no cesaron de cantar durante tres días... El Apóstol Tomás, que estaba ausente en el momento de morir ella, vino al tercer día y quiso adorar el cuerpo que había llevado a Dios. Mas cuando abrieron el sepulcro, no pudieron encontrar el cuerpo, sino sólo los lienzos puestos, quedando embriagados del inefable perfume que de ellos salía. Así volvieron a cerrar el sepulcro... deduciendo que a quien plugo nacer de ella... quiso honrar su cuerpo con la incorrupción y su traslado antes de la común y universal resurrección» (Rouet, 2390).

un dogma revelado por Dios el que la Inmaculada Madre de Dios, siempre Virgen María, terminado el curso de su vida terrenal, fue arrebatada en cuerpo y alma a la gloria celestial» (Denzinger, 3903).

Las bases bíblicas fueron las mismas que para la Inmaculada: Génesis 3:15 y Lucas 1:28, presentando a María íntimamente unida con el Redentor en la triple victoria contra el pecado, la concupiscencia y la muerte. Los Manuales de Teología encontraban las siguientes razones para tal privilegio: a) La carne de la que el Hijo de Dios fue engendrado según la carne no debía corromperse; b) la virginidad perpetua de María exigía la incorrupción del cuerpo; c) lo mismo exigían su inmaculada concepción y su impecabilidad personal; d) la participación de María en la obra de la Redención debía garantizarle una participación en la incorrupción del Redentor. El Vaticano II se limita a repetir las declaraciones dogmáticas del Magisterio eclesiástico,[27] mientras el Nuevo Catecismo Holandés, con la creciente línea modernista, expresa la Asunción de María con los mismos colores alegóricos que la Resurrección de Cristo: «La "Asunción" de María… significa que ella está en el mundo más que ninguna otra mujer. A Cleopatra se la recuerda, pero con María se dialoga.»[28]

La Bula de Pío XII dejó sin definir si María murió o no, aunque los párrafos que preceden a la fórmula definitoria contienen muchas citas en que se alude a la muerte de María. Hay teólogos, como el servita italiano G. M.ª Roschini, que aseguran que María no tuvo por qué morir, careciendo de toda relación con el pecado (Romanos 5:12; 1.ª Corintios 15:56). Sin embargo, la inmensa mayoría admiten que murió, ya por pertenecer a la raza mortal de Adán («minimalistas»), ya por haber sido santificada con la gracia redentora, que nos configura con el Cristo muerto y resucitado («maximalistas»).

---

27. V. *Constitución Dogmática sobre la Iglesia*, p.º 59.
28. P. 475 de la edición inglesa.

2. La corredención de María

Esta doctrina de la participación de María en la *realización* de la Redención no se menciona expresamente en ningún documento eclesiástico anterior a León XIII. Desde éste hasta Pío XI, los Papas han usado el nombre «corredentora» o el verbo «corredimir» en varios documentos, siguiendo la corriente teológica de su época. Sin embargo, es curioso que, a pesar del creciente progreso de esta doctrina en los años que precedieron al Vaticano II, ni Pío XII, ni Juan XXIII, ni Pablo VI han usado jamás dichas expresiones, al menos en documentos oficiales. Lo cual no quiere decir que no hayan empleado, especialmente Pío XII, expresiones que significan lo mismo con otras palabras. Así Pío XII, en su encíclica *Haurietis Aquas* de 1956, exhortaba a los fieles a venerar, no sólo al Sagrado Corazón de Jesús, sino también al «Inmaculado Corazón de la Madre de Dios», dando como razón que María estuvo «inseparablemente unida a Cristo en la realización de la redención del hombre, de tal manera que nuestra salvación surgió tanto del amor y sufrimientos de Jesucristo, como del amor y pena de su Madre».[29]

En el medio siglo que transcurre de 1904 a 1954, el «crescendo» teológico acerca de la corredención de María fue impresionante. Podemos distinguir tres etapas:

A) Pío X, en su ya citada encíclica *Ad Diem Illum* de 1904, afirmó que María «nos merece *de congruo,* como dicen, lo que Cristo nos mereció *de condigno*» (Denzinger, 3370).[30] Los «minimalistas» tratan de explicar este texto como si se tratase, no de la *corredención,* sino de la *mediación,* haciendo notar el contraste entre el presente «merece» aplicado a María, y el pretérito «mereció» atribuido a Cristo. No

---

29. Denzinger, 3926.
30. Explicamos esta terminología en la Parte Tercera de este libro. Podemos adelantar que se llama *de congruo* el mérito en que la fidelidad y generosidad del dador (aquí Dios) lo hacen todo en favor de un gran amigo (la Virgen), y *de condigno* cuando la fidelidad se completa con la justicia, como es el pago de un salario pactado.

negamos que la frase es ambigua, pero quizá tienen razón los «maximalistas» cuando hacen notar: a) la convergencia de ambas acciones en el objeto merecido *(quod),* cuya obtención se realizó en el Calvario; b) el contexto posterior, pues el Papa añade: «y es la principal administradora en la distribución de las gracias», frase que distingue la mediación de la corredención anteriormente expresada.

B)   En un documento silenciado por el Denzinger a partir de la edición 32.ª, Benedicto XV, influenciado tal vez por la teoría del teólogo belga H. Lebon, dijo que María podía ser llamada «propiamente corredentora» porque «ofreció a Cristo en el Gólgota al Padre juntamente con la renuncia a sus derechos maternales».[31] Entonces, los teólogos, aceptando el hecho de la corredención de María, comenzaron a discutir si la co-operación de María a la Redención había sido «remota» (por su consentimiento a la Encarnación que llevaría a la Cruz) o «próxima», por su cooperación directa e inmediata a la Redención, ya añadiendo su dolor a los sufrimientos de Cristo, ya (más probablemente) ofreciendo a Cristo al Padre, lo cual estaba más en consonancia con la declaración de Benedicto XV.

C)   Finalmente, a mitad de siglo, la gran mayoría de los mariólogos católicos españoles y unos pocos de otros países, como Roschini y Balic, llegaron a defender que María corredimió a la humanidad *de condigno,* aunque *ex condignitate,* es decir, por condescendencia de Dios. El más acérrimo e inteligente defensor de esta teoría, el dominico M. Llamera, la expone así: Partiendo de la afirmación (ya citada) de Pío X de que María llevó en su seno juntamente al Salvador (Cabeza del cuerpo místico) y a los que habían de creer en El (miembros del mismo cuerpo de Cristo), comparó la gracia «capital» de Cristo con la gracia «maternal» de María, estableciendo un paralelo entre la unión hipostática y la maternidad divina, de manera que, así como la gracia «capital»

31. Pío XII repite estas palabras en su encíclica «Mystici Corporis» del año 1943.

le fue concedida a Cristo en virtud de su papel de Redentor, así también la gracia «maternal» de María le fue concedida en virtud de su papel de Madre del «Cristo total». Así la Virgen cumplió las dos condiciones que se requieren para el mérito *de condigno*: decreto divino y aptitud interna para el papel de corredentora.

El Vaticano II, al colocar a la Virgen dentro de, no sobre, la Iglesia, parece haber intentado detener los extremismos de los «maximalistas». Los modernos teólogos progresistas tienen por aberración la teoría maximalista de la «corredención».

3. María, figura de la Iglesia

Ya desde la Edad Media, la Mariología y la Eclesiología fueron siempre de la mano. Así:

A) Cuando la Iglesia comenzó a ser considerada como el depósito exclusivo de los medios de salvación (no hay salvación fuera de Roma), María fue el «acueducto» de todas las gracias.

B) Cuando la Iglesia fue considerada como sociedad perfecta y santa, colocada sobre todas las demás sociedades y siempre triunfante de los poderes del mal, María fue la Inmaculada Concepción y la Corredentora de la Humanidad.

C) Ahora la Iglesia es presentada como la continuación de la Encarnación, el Cuerpo Místico de Cristo, y el Pueblo de Dios en marcha hacia la glorificación escatológica. Por tanto, María es la ideal personificación de la Iglesia escatológica, pues en ella se ha realizado ya la santidad perfecta y la glorificación corporal con su Asunción a los Cielos.[32] El

---

32. Papas, «Doctores» de la Iglesia y teólogos conservadores han venido aplicando a María el capítulo doce del apocalipsis, como si fuera ella la «Mujer» a que allí se alude. Otros teólogos más moderados prefieren una «vía media», afirmando que la figura de la «Mujer» dice juntamente relación a la Virgen y a la Iglesia, tipificadas ambas en la expresión: «la hija de Sion». Ya Agustín

Vaticano II lo ha expresado así: «La Madre de Jesús, de la misma manera que, glorificada ya en los Cielos en cuerpo y en alma, es imagen y principio de la Iglesia que habrá de tener su cumplimiento en la vida futura, así en la Tierra precede con su luz al peregrinante Pueblo de Dios como signo de esperanza cierta y de consuelo, hasta que llegue el día del Señor.»[33]

CUESTIONARIO:

1. ¿Cuál es la tradición histórica sobre la Asunción corporal de María a los Cielos? 2. ¿Cuándo, cómo y por quién fue definida como «dogma»? 3. ¿Qué argumentos bíblicos y teológicos se aducen para mantener tal «dogma»? 4. ¿Es unánime la opinión de los teólogos católicos acerca de la muerte de María? 5. ¿Qué han enseñado sobre la «corredención» de María los documentos papales de nuestro siglo? 6. ¿Cuáles son las etapas del desarrollo de esta doctrina? 7. ¿Qué piensan los modernos teólogos progresistas acerca de esto? 8. ¿Qué significa la expresión (aceptada por algunos «protestantes») de que María es «figura de la Iglesia»?

---

parecía —según ellos— aludir a esto, cuando decía que «Jesús nació de una virgen israelita». Los modernos teólogos progresistas admiten que la «Mujer» de Apoc. 12 no dice relación alguna a la Virgen María (V. la *Biblia de Jerusalén*).

33. *Constitución Dogmática sobre la Iglesia*, p.° 68.

LECCION 19.ª EL CULTO A LA VIRGEN MARIA Y A SAN JOSE

1. Noción y división (católica) de culto

La Teología Católico-Romana distingue tres clases de culto:

A) *Latría* (en el sentido de adoración, que se expresa con la genuflexión) es el culto que se debe a Dios solo, esto es, a cada una de las tres personas divinas, a la humanidad de Cristo (ya que el culto se dirige hacia la persona única de Jesús, que es divina), a las supuestas *reliquias* de la verdadera cruz del Calvario, por su contacto físico con Jesús,[34] a la imagen del Crucifijo en Viernes Santo, y al «Sacramento» de la Eucaristía, donde se supone que Cristo está realmente presente bajo los elementos del pan y del vino.[35]

B) *Hiperdulía* (o superior veneración, que se expresa con profunda inclinación de la cabeza) es propia de María por su singular privilegio de ser la «Madre de Dios».

C) *Dulía* (o veneración, expresada con una inclinación moderada de la cabeza) es el culto debido a todos los santos *canonizados* (declarados solemne y oficialmente como santos

---

34. Bajo la suposición de que se conservan grandes fragmentos de la Cruz, además de los innumerables pequeños fragmentos incrustados —según dicen— en las cruces pectorales de los obispos.

35. Cuando la «hostia» u oblea consagrada en la Misa, es expuesta a la pública adoración, ya sea en la custodia u ostensorio, ya en la puerta del «sagrario» dentro del llamado copón, con la cortinilla del «tabernáculo» descorrida, los que pasan por delante deben hacer genuflexión con ambas rodillas e inclinarse profundamente.

en el Cielo) de la Iglesia de Roma. Muchos teólogos exigen un culto especial de *protodulía* para San José, como el *primero* («prótos» en griego) entre los demás santos, por su condición también singular de verdadero esposo de María y padre tutelar de Jesús.

El católico medio, que no entiende de tales sutilezas, suele tributar a todos el mismo aprecio, arrodillándose lo mismo ante las imágenes de los santos que ante las de María y de Jesús (sólo a los más formados se les ve arrodillados únicamente ante el «sacramento»).

Con la Biblia en la mano, nos vemos obligados a decir que la palabra de Dios: a) no distingue entre culto de «latría» y de «dulía», sino que prohíbe adorar y arrodillarse ante nada ni nadie que no sea el mismo Dios (V. Éxodo 20:3-5 —donde se prohíbe *inclinarse* ante cualquier imagen—; Deuteronomio 5:7-9; 6:13; Mateo 4:10; Lucas 4:8; Juan 9:38; Hechos 10:25-26; 14:11-15; Apocalipsis 22:8-9); b) prohíbe incluso adorar la imagen misma del verdadero Dios, como puede comprobarse por el relato de Éxodo 32:4-8, donde Israel dice del becerro de oro: «éstos son tus dioses ("elohekhá"), que te sacaron de la tierra de Egipto» (v. 4). Y Aarón remacha: «Mañana será fiesta para Jehová» (v. 5).

2. El culto a María

Dejando aparte sutilezas teológicas, y descendiendo al lado práctico de la vida cotidiana, cualquiera puede darse cuenta de que para la mayoría de los católicos la devoción a María es más importante que la devoción al Salvador. A María suele llamársele «la omnipotencia suplicante», bajo el supuesto de que sus derechos maternales sobre Jesús y su corazón maternal para con los hombres hacen doblemente poderosa su intercesión, como si el privilegio de ser madre del Señor *según la carne,* le otorgase alguna autoridad sobre la persona del Hijo, quien es Dios y Salvador por disposición *divina,* no de María.[36]

Aunque el Magisterio eclesiástico de Roma insiste en que la exaltación de María en nada deroga a la única Mediación de Cristo, esta afirmación es oscurecida por las exhortaciones a refugiarse en las entrañas de María para escapar de la ira del Señor. Recuérdense las audaces expresiones de Alfonso de Ligorio, canonizado y propuesto como el patrono de los moralistas católicos, a pesar de sus afirmaciones totalmente contrarias a la palabra de Dios en este punto.

El peligro mayor que late en muchas de las devociones «marianas» es que la gente poco instruida, como son la inmensa mayoría de los católico-romanos en los países latinos y latinoamericanos, va a los innumerables santuarios e imágenes de María en busca de toda clase de favores y de protección contra peligros, trabajos y, especialmente, contra las penas del infierno. Multitudes ingentes han estado llevando el Escapulario, rezando tres Avemarías al acostarse, y recibiendo la comunión durante cinco consecutivos primeros sábados de mes en honor de la Virgen, esperando escapar del infierno por estos medios, sin preocuparse mucho de tener fe viva, sincero arrepentimiento y conducta digna del nombre de cristianos.[37] Hemos de confesar que muchas de estas «devociones» están desapareciendo rápidamente.

---

36. La mayoría de las declaraciones de los Papas acerca de la corredención de María se fundan en estos dos supuestos: a) que el libre consentimiento de M.ª en la Encarnación, fue decisivo para nuestra salvación; b) que M.ª tenía *derechos* maternales sobre el Salvador, en materias de salvación. Ambos supuestos carecen de fundamento en la Palabra de Dios: a') El ángel no dijo a María: «¿Tienes inconveniente en concebir...?», sino: *he aquí que concebirás en tu vientre;* b') Luc. 2:49 y Juan 2:4 muestran claramente que María no tenía derechos sobre el Salvador en lo concerniente a «las cosas del Padre».

37. Lo de los «cinco primeros sábados» proviene de un pretendido «mensaje de Fátima». Sería un modo de facilitar las cosas, en vez de los «nueve primeros viernes» en honor del Sgdo. Corazón de Jesús. La leyenda del Escapulario del Carmen es bien conocida. Sólo añadiremos que, en su *Mariología,* el P. Roschini, nada sospechoso en esta materia, niega rotundamente el fundamento histórico de tal leyenda.

3. El culto a San José

José, el esposo de María, ha ocupado durante siglos un modesto lugar en la Teología y en el culto de la Iglesia de Roma, aunque Teresa de Avila se esforzó en convencer a todos acerca de la «omnipotente intercesión» de José.

A comienzos del presente siglo, el dominico P. Corbató escribió un libro titulado *El inmaculado S. José,* donde intentó demostrar la «inmaculada concepción» de S. José sobre las mismas bases del «dogma» de la inmaculada concepción de la Virgen, o sea, asegurando que José había sido el verdadero padre humano de Jesús, aunque de una manera milagrosa y virginal. Argüía que el término «génesis» de Mateo 1:18 exigía una normal concepción de padre y madre (aunque el Espíritu Santo pudo usar «virginalmente» un espermatózoo de José, sin que éste se enterase), añadiendo que la fertilización de un óvulo materno sin el semen paterno, era totalmente imposible, incluso para la omnipotencia divina.[38] Esta teoría tuvo pocos seguidores. Sin embargo, algunos «maximalistas» trataron, en los lustros que precedieron al Vaticano II, de articular toda una «Josefología» sobre bases muy al margen del Nuevo Testamento. Especialmente, se ha tratado últimamente de evitar la expresión «padre putativo»[39] y aun «padre nutricio», sustituyéndolas por la también ambigua de «padre virginal», con tal de que el papel de José no siguiese siendo tan poco brillante.

En 1870, Pío IX proclamó a José «Santo Patrón» de la Iglesia. León XIII, en su encíclica *Quamquam pluries* de 1889, explicó el papel y dignidad de José y dijo que, habiendo sido el padre tutelar de Jesús —el primogénito de

---

38. En cambio, Alexis Carrel, en su libro «La incógnita del hombre» asegura todo lo contrario, es decir, que un óvulo puede ser fertilizado por un proceso bioquímico artificial, prescindiendo del espermatózoo.

39. V. Denzinger, 3260. La expresión se basa en Luc. 3:23: «hijo, *según se creía* (Vulgata Latina: «ut *putabatur*»), de José.»

los cristianos— (Denz. 3263), era conveniente que fuese también el patrón tutelar de todos los creyentes.[40]

CUESTIONARIO:

1. ¿A qué se llama, respectivamente, culto de latría, de hiperdulía, de protodulía y de dulía? 2. ¿Qué dice la palabra de Dios en cuanto al culto y sus manifestaciones exteriores. 3. ¿Qué luz arroja Exodo 32:4-8 sobre el culto a las imágenes? 4. ¿En qué se fundan las prerrogativas concedidas por Papas y teólogos a María en el negocio de la salvación? 5. ¿Cuál es el peligro mayor que entrañan muchas de las «devociones marianas»? 6. ¿Qué inventó el dominico P. Corbató para defender la «inmaculada concepción» de S. José? 7. ¿En qué fundó León XIII su declaración en favor del patrocinio de San José?

---

40. El papel que el N. Testamento atribuye a José es mucho más modesto. Después de Luc. 3:23, no se le vuelve a nombrar.

LECCION 20.ª EL CULTO A LOS «SANTOS» Y A LAS IMAGENES

1. El culto a los «santos»

Tres son las bases en que se funda la veneración de los «santos» en la Iglesia de Roma:

A) Ellos han sido modelos heroicos de virtudes cristianas, y así deben ser venerados por su excelencia sobrenatural, como también imitados.

B) Ellos interceden por nosotros en los Cielos, ya que gozan ahora de la más íntima amistad con Dios y conocen muy bien nuestras necesidades, con lo que el recurso a su intercesión es muy provechoso.

Como ya dijimos al referirnos a la intercesión de María, la base del culto a los santos no es escritural, pues el Nuevo Testamento nos presenta a Jesús como el único Mediador e intercesor (V. 1.ª Timoteo 2:5; Hebreos 4:15-16; 1.ª Juan 2:1-2), y no hace mención alguna de una posible comunicación con los espíritus de los difuntos. Más aún, esta comunicación era odiosa para la mentalidad judeo-cristiana, pues estaba fuertemente prohibida al pueblo de Israel en el Antiguo Testamento.

Por otra parte, ¿cómo pueden conocer los «santos» nuestras necesidades? La Teología Católica replica que ellos ven, mediante la intuitiva contemplación de la esencia divina, todo lo que ocurre en el mundo, como por una enorme pantalla de televisión. Pero a) la doctrina de la visión intuitiva de Dios no tiene base bíblica, como veremos en la lección 22.ª; b) si los santos conocen nuestras necesidades a través de Dios, resulta superfluo que le hagan presentes esas necesidades.

Gran número de los llamados «santos» tienen carácter puramente legendario. La moderna investigación histórica ha demostrado que muchos de ellos jamás existieron. En 1969, Pablo VI mandó retirar del calendario litúrgico un buen número de ellos.[41]

2. Culto y veneración de imágenes

A los lectores de lengua castellana no hace falta explicarles el culto y devoción con que son veneradas tantas y tan variadas imágenes de santos y vírgenes, especialmente de la Virgen María y de Jesús (ya en la Cruz, ya en el sepulcro). Quienes entren en el Pilar de Zaragoza, en el templo de Jesús de Medinaceli en Madrid, etc., comprobarán las largas filas de devotos que se acercan a besar el reverso de la columna del Pilar o a pedir un señalado favor, en determinados días, al Cristo de Medinaceli, mientras unos pocos, muy pocos, van a la capilla donde se reserva el «Santísimo», o sea, donde —según la Teología Católica— está realmente presente el mismo Jesucristo. ¿No están, por tanto, tales «devociones» rondando el límite del fetichismo y de la idolatría, aun mirándolo desde el punto de vista católico-romano?

Lo mismo podríamos decir, sin nombrarlas y sin ánimo de ofender, de muchas procesiones, especialmente de Semana Santa, de las disputas acerca del poder milagroso de las

---

41. Entre los santos retirados del calendario en 1969, está S. Jenaro, venerado en Nápoles, especialmente por el supuesto milagro, repetido cada año en el día de su fiesta, de licuar y hacer ebullir su propia sangre contenida en un frasco. En 1969, a raíz de la decisión papal, el santo pareció llevar tan a mal la medida de Pablo VI de borrarlo de la liturgia, que hizo licuar y hervir su sangre, a pesar de que no era el día de su fiesta (¿a quién sigue interesando tal fraude?). *Santo*, en el N. Testamento es todo aquel que ha sido *segregado* del mundo, *justificado* en virtud de la sangre redentora de Cristo y puesto bajo la acción *santificadora* del Espíritu, para vida eterna y gloria de Dios.

imágenes (aun de un mismo santo) de los lugares respectivos, de la espectacularidad de ciertas penitencias exteriores (sólo Dios sabe hasta qué punto pretenden sustituir al verdadero arrepentimiento interior), de aspectos ridículos (si no fueran, a veces, trágicos) de algunas devociones: a San Antonio, en busca de novio; a San Nicolás, en busca de dinero, etc.

¿Es honesto promover, de parte de quienes tienen un mayor conocimiento de la Teología, o al menos permitir, muchas de estas manifestaciones exteriores que de religiosas sólo tienen el nombre? Los clérigos «conservadores», tras replicar a nuestras objeciones fundadas en Exodo 20:4-5, que el mandamiento que prohíbe fabricar y venerar imágenes estaba vigente únicamente en el Antiguo Testamento,[42] añaden que ahora no hay ya peligro de idolatría o superstición. Pero esto no es cierto; quienquiera que haya observado bien el culto a las imágenes, habrá notado: a) que la gente tiende espontáneamente a hacer de la imagen un fetiche o mascota; b) que los clérigos y predicadores raras veces han cumplido con el deber de hablar contra los abusos.

CUESTIONARIO:

1. ¿En qué se basa el culto a los «santos»? 2. ¿Qué base tiene este culto en la palabra de Dios? 3. ¿Pueden los llamados «santos» comunicarse con nosotros o ver nuestras necesidades? 4. ¿Qué le parece el excéntrico culto dedicado a ciertas imágenes, de procesiones, penitencias, etc.? 5. ¿Está todavía vigente el mandamiento de no fabricar ni venerar imágenes?

---

42. Lo cual es falso, puesto que los diez Mandamientos del Decálogo sinaítico son una exteriorización de la voluntad divina, válida para todas las edades y para todas las dispensaciones.

Doctrinas sobre la salvación

LECCION 21.ª

ALGUNAS DIVERGENCIAS PRELIMINARES

Como ya dijimos en la lección 1.ª, p.º 1, la Reforma se diferencia de Roma en el modo de entender la *aplicación* de la Redención, más bien que en el modo de entender la *realización* de la Redención. Pero esto no significa que nuestro acuerdo sea completo en todo lo demás.

Estamos casi completamente de acuerdo en las doctrinas acerca de la Santísima Trinidad y de la Encarnación, pero nuestro desacuerdo comienza cuando nos enfrentamos con la Soteriología. Disentimos acerca: a) de la necesidad de la Redención; b) acerca del modo con que Cristo fue nuestro sustituto en el Calvario; c) acerca de la base de los méritos de Cristo en su expiación redentora.

1. La necesidad de la Redención

Tomás de Aquino, en oposición a Anselmo de Canterbury, enseñó que Dios pudo haber salvado a la humanidad caída, ya perdonando el pecado sin exigir expiación alguna, ya aceptando como condigna una determinada expiación por parte de los pecadores. La Encarnación y, por consiguiente, el rescate expiatorio de Cristo, fueron necesarios únicamente en el caso de que Dios demandase una satisfacción adecuada al carácter infinito de Su santidad. Por otra parte —añadía—. Dios pudo haber dejado al hombre para siempre en su estado de perdición, sin perdonarle la culpa, ni proveer un rescate. Esta es la doctrina que se ha venido enseñando en los manuales de Teología, aunque recientemente se va difuminando la exigencia de una sustitución penal por parte de Cristo, mientras se enfatiza demasiado unilateralmente el papel del *amor* de Dios en la redención.

Es cierto que Anselmo insistió excesivamente sobre el aspecto de la justicia *vindicativa,* dando lugar a la imagen que se ha formado el vulgo de un Padre airado exigiendo venganza y reparación, mientras el Hijo se ofrece a pagar «los vidrios rotos» (lo cual contradice Juan 3:16), y que Tomás de Aquino insistió unilateralmente en la libertad de Dios, pero también la moderna tendencia absolutiza el atributo del amor de Dios, cuando los atributos divinos están todos entrelazados en la comunidad de una misma esencia divina y en la reciprocidad de una mutua relación. Así, pues, todas las explicaciones de la Teología Católica parecen pasar por alto dos importantes observaciones: a) que el pecado es, ante todo, una ofensa contra la infinita y trascendente santidad de Dios, la cual demanda una expiación adecuada; b) que la libertad divina estaba condicionada por otros dos atributos: por la *fidelidad* a su Palabra (en lo que consiste la esencia de la *justicia* divina, según el concepto del Antiguo y del Nuevo Testamento), la cual exigía que se cumpliese la sanción impuesta a la transgresión de Adán (V. Génesis 2:17); por el *amor* a su obra maestra, el hombre, cuya perdición eterna en bloque hubiese supuesto una derrota de sus amorosos designios ante las fuerzas del mal. Así, pues, un Creador *amoroso* no pudo dejar su creación perdida para siempre; pero un Dios *justo* no pudo perdonar el pecado sin conveniente expiación. Consiguientemente, la expiación llevada a cabo por el Hijo de Dios en el Calvario, fue absolutamente necesaria para nuestra salvación. Y así el gran misterio de la Redención consiste en que, puesta la santidad de Dios frente al pecado del hombre, ni *condona* el pecado, ni *condena* al pecador, sino que *sustituye* al impío y desobediente hombre que quiso ser igual a Dios, por el inocente y obedientísimo Hijo de Dios que no desdeñó hacerse hombre.

2. La naturaleza de la sustitución hecha en el Calvario

La Teología Romana admite la *sustitución vicaria* de la Redención, pero enfatiza unilateralmente el aspecto subjetivo de esta sustitución, al enseñar que el principal (y aun el único) aspecto necesario de la expiación de Cristo fue su *amor* y *obediencia,* de manera que cualquier hecho obediente de la humanidad de Cristo era suficiente para redimir a toda la humanidad: una gota de sangre o de sudor, una lágrima de compasión, una humillación penosa. Con esto se niega que Cristo sufriese —al menos, cualitativamente— el mismo castigo que nosotros merecíamos. Cristo habría sufrido, así, *por* nosotros (en favor nuestro), pero no *en nuestro lugar.*

Sin embargo, la Biblia enfatiza tanto el aspecto *subjetivo* («obediente») como el *objetivo* («hasta la muerte», Filipenses 2:8) de la sustitución. Ya desde Isaías 53:5 («el castigo de nuestra paz fue sobre él»), el carácter de dicha sustitución aparece siempre claramente como algo que se ha hecho *en lugar de nosotros.* Los tipos alegóricos se remontan ya a Génesis 3:21.

Esta es, en parte, la razón por la cual los exegetas, teólogos y predicadores católico-romanos encuentran tan difícil la interpretación de un sufrimiento tan hondo como el que expresa el grito del Salvador en la Cruz: «Dios mío, Dios mío, ¿por qué me has desamparado?» (Mateo 27:46; Marcos 15:34)[1] y tampoco notan el verdadero sentido de la sed de Cristo. Mas la Biblia nos dice que los principales tormentos del Infierno son: el desamparo de Dios (Mateo 25:41; Apocalipsis 20:15) y la sed irrestañable (Lucas 16:24). Justamente, los dos principales tormentos que Cristo padeció en la Cruz en nuestro lugar.

---

1. La enseñanza católico-romana sobre la visión beatífica de Cristo, incluso en la Cruz, es un obstáculo insuperable para entender la hondura de este grito, porque, si Cristo estaba viendo la esencia divina cara a cara, ¿cómo podía sentirse desamparado por Dios?

3. La base del mérito de Cristo en la Redención

Como veremos después, al hablar del mérito sobrenatural, todo él está basado en la gracia «santificante». Las consecuencias que esta doctrina implica en relación con la obra de Cristo son las siguientes:

A) Aunque, según la Teología católica, Cristo poseía la gracia increada de la unión hipostática, por la cual la humanidad de Cristo —al estar personalmente unida al Verbo— era infinita y sustancialmente santa con la santidad divina, debía poseer también la gracia «santificante» (cualidad infusa)[2] en su más alto grado (visión beatífica) y de una manera relativamente infinita (tanta cuanta cabe en una naturaleza creada).

B) Esta gracia «santificante» no pudo ya crecer más en Cristo, porque era ya perfecta y definitiva desde el principio (la misma que en el Cielo), ni podía perderse (por ser ya definitiva), ni podía interrumpirse ni aun en el Calvario (puesto que la unión hipostática la demandaba). Además, como Cabeza de todos cuantos habían de salvarse con esta gracia «santificante», El poseía el manantial inagotable de dicha cualidad infusa («gracia capital», o de la *Cabeza).*

C) Pues bien, esta misma gracia «santificante» fue, según la Teología católica, la *verdadera base* de la obra *meritoria* de Cristo en el Calvario, de modo que pudiese merecer como *hombre* (ya que el mérito supone subordinación a Dios, quien recibe el precio del rescate) revestido de *gracia* (base sobrenatural del mérito) y a la vez, su mérito tuviese valor *infinito,* por la dignidad de su persona.

Sin embargo, la palabra de Dios nada dice de esa cualidad infusa llamada gracia «santificante», sino que deja bien claro que Cristo mereció nuestra salvación por su humillación y obediencia hasta la muerte, por su perfecta santidad *moral,* y por su condición de *Hijo* (V. Isaías 53:11; Filipenses 2:6-

---

2. Más adelante daremos la noción exacta de esta gracia.

10; Hebreos 7:25-28). Que Cristo *creció* «en sabiduría[3] y en gracia» es claro por Lucas 2:52.

CUESTIONARIO:

1. ¿En qué materias están de acuerdo casi completo Roma y la Reforma? 2. ¿Cuál es la doctrina de Roma, tanto tradicional como moderna, acerca de la necesidad de la Redención? 3. ¿Qué aspectos parece pasar por alto la Teología Católica en este punto? 4. ¿En qué consiste el misterio de la Redención? 5. ¿Qué aspecto enfatiza unilateralmente la Teología de Roma en lo tocante a la satisfacción vicaria de Cristo? 6. ¿Qué dice la Biblia sobre esto? 7. ¿Cuáles son los dos obstáculos que los teólogos católicos encuentran para una correcta interpretación de Mateo 27:46? 8. ¿Qué consecuencias tiene sobre la doctrina del mérito de Cristo, la enseñanza católica sobre la gracia «santificante»? 9. ¿Qué bases pone la Biblia para el mérito de Cristo?

---

3. La Teología católico-romana distingue tres clases de conocimiento en la mente humana de Cristo: a) *beatífico*, en virtud de la visión intuitiva de Dios; b) *infuso;* o sea, infundido en el momento de su concepción, teniendo por objeto lo que convenía que supiese como Maestro y Redentor de la humanidad; c) *experimental*, adquirido por experiencia sensorial, etc. Sólo éste podía crecer.

LECCION 22.ª LOS ORIGENES

1. El estado original del hombre

Según la doctrina tradicional de Roma, Dios creó a Adán y a Eva en el estado de «justicia original», que comprendía tres clases de dones:

A) *Naturales,* es decir, propios de la naturaleza humana como tal: razón, libertad, medios para alcanzar la perfección natural y llegar a disfrutar finalmente de una felicidad natural, por la que el hombre gozaría de la presencia y comunión con Dios, pero no pudiendo ver a Dios *cara a cara.*

B) *Preternaturales,* es decir, dones que perfeccionan la naturaleza humana en sí misma, aunque su alcance está *fuera del* (latín: «praeter») poder del hombre, pero tampoco pertenecen al orden *sobrenatural,* el cual está conectado con la visión facial de Dios. Tales eran: el dominio sobre la concupiscencia, sobre el dolor y la muerte.

C) *Sobrenaturales,* es decir, de un orden superior a toda naturaleza creada, como son: la gracia «santificante», las virtudes «infusas», los dones del Espíritu Santo,[4] y el final al que estos dones se encaminan: *la visión intuitiva de la esencia divina.*[5]

---

4. Véase la lección 24.ª

5. Benedicto XII definió como «dogma» en 1336, que las almas de todos los que se salvan, inmediatamente después de su entrada en el Cielo, «han visto y ven la esencia divina intuitivamente y cara a cara, de modo que, en cuanto se refiere al objeto visto, nada creado opera como medio de visión, sino que la esencia divina, se les manifiesta plena, clara y abiertamente... Por esta visión y

2. El pecado original

Según la tradicional enseñanza de la Teología Romana, el pecado original privó a la humanidad de los dones *preternales* y *sobrenaturales,* pero no de los naturales. Por tanto, el hombre caído puede hacer obras buenas sin la gracia, y, según algunos, disponerse de alguna manera a recibir la gracia y cooperar (con sus propias fuerzas) a dicha gracia, para alcanzar la salvación sobrenatural. Desde luego, dicen, la gracia es necesaria para restaurar el orden sobrenatural en el hombre. Los dones preternaturales serán concedidos después de la resurrección final a quienes sean salvos.

---

el gozo consiguiente, las almas... son verdaderamente felices» (Denzinger, 1000). Este «dogma» es de enorme importancia en la Teología Católica Romana. Al suponer que el fin sobrenatural (gratuito) del hombre es la visión, amor y gozo de Dios, directa y eternamente, *como el mismo Dios se ve, se ama y goza* de la intimidad trinitaria (aunque en grado limitado, mientras que Dios lo hace en grado infinito), la Teología Romana ha deducido las siguientes consecuencias: a) Esta visión beatífica requiere una transformación *óntica,* por la cual la naturaleza del hombre se hace *deiforme,* a fin de poder ver, amar y gozar de Dios de una manera *divina;* b) Entendiendo así la *participación de la naturaleza divina* aludida en 2 Ped. 1:4 (obsérvese que el contexto posterior explica la naturaleza *moral,* no óntica, de esta participación), se hace precisa una *cualidad infusa,* ónticamente sobrenatural, que capacite *radicalmente* para la visión beatífica y *formalmente* (por el mero hecho de recibirla) para dicha participación; esta cualidad infusa es la gracia «santificante». Para que esta gracia se convierta en gloria (visión facial de Dios), basta con que, al descorrerse el velo de la fe, el intelecto humano reciba un nuevo poder (la llamada «luz de la gloria»), para poder contemplar cara a cara la esencia divina, sin quedar deslumbrado por la trascendencia de Dios; c) la felicidad *esencial* del Cielo consiste *únicamente* en esta visión facial de Dios, de tal manera que la compañía de los santos, ángeles y del mismo Jesucristo, añade sólo una felicidad secundaria y *accidental.* Nuestra respuesta es que este «dogma» de la visión beatífica está contra la clara enseñanza de la Biblia, como puede verse en Ex. 33:23; Mat. 11:27; Luc. 10:22; Juan 1:18; 6:46; 1 Tim. 6:16. La Teología católico-romana pretende encontrarle una base bíblica en tres pasajes: 1 Cor. 13:12; 2 Cor. 5:6-8 y 1 Juan 3:2. Pero un estudio atento de todos estos lugares muestra que ninguno de ellos se refiere a Dios (es decir, a la esencia divina), sino al Señor Jesucristo. Nuestra doctrina sobre la bienaventuranza celestial es expuesta en el volumen dedicado a *Escatología.*

Recientemente, sin embargo, el jesuita alemán K. Rahner, a quien siguen la mayoría de los teólogos modernos católicos, ha descubierto la teoría llamada del «existencial sobrenatural», según la cual el hombre fue creado con una «apertura hacia lo sobrenatural», de manera que, después de la caída original, ha quedado herido en su propia naturaleza (considerada, no filosóficamente, sino históricamente), a la manera que una casa ve destruido su techo por un huracán. Por eso, el hombre caído siente nostalgia de su condición original, no pudiendo sentirse personalmente (existencialmente) *íntegro,* hasta que su condición queda restaurada por obra de la redención de Cristo.

Esta parece ser también la línea doctrinal del Vaticano II, pues dice: «el pecado rebaja al hombre, impidiéndole lograr su propia plenitud».[6] El Vaticano II todavía reconoce el pecado original, pues habla de que el hombre fue creado santo, y que cayó, seducido por el diablo, en su presente estado de pecado y corrupción. Pero el Nuevo «Catecismo Holandés» niega el carácter histórico de los once primeros capítulos del Génesis, y añade que el pecado siempre ha existido en la naturaleza humana, de modo que el «pecado original» no ha existido en realidad, sino que toma forma concreta en nuestros pecados personales.[7]

3. El origen del hombre

El tema del pecado original nos lleva al del origen del hombre. La doctrina clásica de Roma sobre esto, hasta bien entrado este siglo, era que el cuerpo del primer hombre había sido formado directamente del polvo de la tierra (Génesis

---

6. *Constitución Pastoral sobre la Iglesia en el mundo actual,* p.º 13.
7. V. pp. 259-267 de la edición inglesa. En el vol. 3 de esta colección va la doctrina bíblica sobre el pecado original. De paso diremos que la gran tragedia del pecado no está en haber perdido *algo,* sino en habernos perdido nosotros mismos *totalmente* (V. Jn. 3:16).

2:7). Actualmente, la teoría evolucionista se está imponiendo claramente, y el famoso jesuita P. Teilhard de Chardin († 1955), gran propugnador de la misma, está ganando un creciente prestigio en los medios teológicos y científicos.

Pío XII, en su encíclica *Humani Generis* de 1950 dijo acerca de la evolución: «En el estado presente de la opinión científica y teológica, esta cuestión puede ser legítimamente investigada y discutida entre quienes sean expertos en ambos campos» (Denzinger, 3896).

En cuanto al poligenismo, o sea, la posibilidad de varias primeras parejas humanas simultáneas, la misma encíclica dice lo siguiente: «No está claro cómo tales opiniones pueden conciliarse con la doctrina del pecado original» (Denz. 3897). Se dijo entonces que el esquema original decía: «Está claro que tales opiniones no se pueden conciliar...», pero que algún experto de la Curia advirtió al Papa del peligro que suponía el cerrar así la puerta de escape frente a posibles futuros descubrimientos. Así la redacción quedó más cautelosa, teniendo en cuenta la posibilidad de que algún día se aclare «cómo el poligenismo puede conciliarse con la doctrina del pecado original».[8]

---

8. El Nuevo «Catecismo Holandés», con su modernista interpretación de Gén. 3 y de Rom. 5 (diciendo que la repetición del numeral «uno», referido a Adán, «es parte de la decoración, no del mensaje» - p. 262), podría ofrecer ya una solución «bíblica» a fin de obviar la «aparente incompatibilidad del poligenismo con la doctrina del pecado original». Por su parte, Teilhard de Chardin, en su libro *El fenómeno humano*, ya deja entrever la afirmación de que la Ciencia no puede admitir que la raza humana apareciese en el mundo a partir de una sola pareja. ¿No es demasiado arriesgado llamar «ciencia» a una «hipótesis»?

CUESTIONARIO:

1. ¿Qué dones comprendía el estado de «justicia original», según la enseñanza tradicional de Roma?   2. ¿Qué sentido tiene el «dogma» de la visión intuitiva de Dios en el Cielo? 3. ¿Dan pie a esta doctrina los pasajes alegados: 1.ª Corintios 13:12; 2.ª Corintios 5:6-9 y 1.ª Juan 3:2?   4. ¿Cuáles fueron los efectos del pecado original en el hombre, según la enseñanza tradicional de la Teología católico-romana?   5. ¿Cuál es la explicación encontrada por K. Rahner?   6. ¿Qué enseñan sobre el mismo tema el Vaticano II y el «Catecismo Holandés»?   7. ¿Cuál es la enseñanza, tanto tradicional como moderna, de la Iglesia de Roma sobre el evolucionismo? 8. ¿Qué dijo Pío XII del poligenismo?

LECCION 23.ª EL PECADO PERSONAL

1. Pecado original y pecado personal

La Teología Católico-Romana divide el pecado, primeramente, en *original* y *personal*. Entendiendo por pecado *personal* el que una persona comete por acción directa de su
propia voluntad, el pecado original puede considerarse como
personal si miramos al *acto* de Adán que causó la caída de
toda la raza humana, mientras que el pecado *original*, en
cuanto que nos afecta a cada uno de los descendientes de
Adán, es efecto del acto de Adán, en quien todos estábamos
representados y, por tanto, en quien todos pecamos, incluso
los que no llegaron a conocer la Ley que castiga con la
muerte el pecado (Romanos 5:12 ss.). Hasta aquí, estamos
de acuerdo.

Según la Teología católica tradicional, ambos son pecados
mortales,[9] pero el *original* no es castigado con el Infierno
mientras no se le añade un pecado personal *mortal*, aunque
impide por toda la eternidad el disfrute de la visión facial
de Dios.[10] Así se originó la creencia en el *Limbo de los
niños* que mueren, sin recibir el Bautismo, antes del uso de
razón. Esta creencia ha sido enseñanza común en la Iglesia
Católica, aunque nunca fue definida como «dogma». Recientemente, ha comenzado a desaparecer entre los teólogos
católicos de vanguardia esta creencia en el Limbo. Así el
«Catecismo Holandés» afirma que la voluntad de Dios de que

---

9. V. el p.º 3 de esta lección.
10. V. Denzinger, 780.

todos se salven incluye también a los niños que mueren sin bautizar: 1.º porque el Evangelio presenta a los niños como especiales objetos del amor de Jesús y de Dios; 2.º porque Cristo nació y murió por todos; 3.º porque nadie se pierde excepto por pecados que uno ha cometido personalmente.[11] Nosotros aceptamos como válida esta última razón.

2. Pecado actual y pecado habitual

El pecado puede considerarse como un *acto* cometido en un momento determinado, y como un *estado* (habitual) de enemistad y aversión hacia Dios. En cuanto al *poder* del pecado, o *disposición* interior que nos inclina a pecar *(fomes peccati* o concupiscencia inconsciente), el Concilio de Trento definió que la concupiscencia es llamada «pecado» en la Biblia, no porque sea pecado en el verdadero y propio sentido, sino porque procede del pecado (de Adán) e inclina al pecado (V. Denzinger, 1515).

3. Pecado mortal y pecado venial

Según la Teología Romana, un pecado es *mortal* cuando causa la muerte espiritual del alma, al privarla de la gracia «santificante».[12] El Bautismo, supuesta la fe y el arrepentimiento, borra todos los pecados anteriores, tanto mortales (original y personales) como veniales. Los pecados mortales cometidos después del Bautismo se perdonan por la contrición perfecta[13] con el propósito de confesarlos en el «sa-

---

11. V. *New Dutch Catechism*, p. 252. V. también P. Fannon, *La Faz Cambiante de la Teología* (Santander —Sal Terrae— 1970), p. 87, donde se dice que han sido incluidos «en el bautismo general de la Cruz», inclusión que podrán ratificar personalmente «en el momento de su muerte».

12. V. la lección siguiente, p.º 1.

13. V. La Parte Cuarta de este libro, al tratar del «sacramento de la Penitencia».

cramento de la Penitencia», o con atrición juntamente con la absolución sacramental en el confesionario. Un pecado es llamado *venial* («venialis» = fácilmente perdonable), cuando no priva de la gracia «santificante», pero enfría el fervor de la caridad y predispone al pecado mortal (despreciando lo pequeño, la voluntad se apresta a caer en pecados mayores). Se perdona con cualquier clase de arrepentimiento *(con o sin otros medios,* incluyendo entre ellos, principalmente, la absolución sacramental).[14]

El pecado *venial* puede ser: a) *deliberado,* cuando se comete con todo conocimiento y libertad; b) *semideliberado,* cuando faltan el pleno conocimiento o la libertad plena. Según la Teología católica, una persona muy piadosa *puede* evitar (con el auxilio de la gracia) todos los pecados *deliberados* durante toda su vida, pero sólo Cristo y su Madre se vieron libres, por siempre, de todo pecado venial incluso semideliberado.

Para que un pecado personal sea tenido por *mortal* es preciso, además de pleno conocimiento y plena libertad, que la materia sea tenida por *grave* por aquél que lo comete. Una materia es *grave:* a) por su calidad siempre grave, que no admite parvedad de materia (así es grave cualquier blasfemia y cualquier acto contra la castidad); b) por su cantidad, cuando se trata de infracciones que admiten parvedad de materia, como pasa en el robo.[15] Asimismo una materia puede ser *leve:* a') por su calidad siempre leve, que no supone gravedad (por ejemplo, una mentira), a no ser que esté complicada con la infracción grave de otro mandamiento (por

14. Nosotros objetamos que en ninguna parte de la S. Biblia aparece tal distinción entre pecado *mortal* y *venial.* V. Sant. 2:10; 1 Jn. 5:17. El «pecado que lleva a la muerte» de 1 Jn. 5:16 indica un rechazo deliberado del mensaje del Evangelio, como aparece en Mat. 12:31-32; Hebr. 6:4-6; 10:26 (V. la nota de la Biblia Nácar-Colunga a este lugar de 1 Jn. 5:16 ss.).

15. Según la Moral católica tradicional, es *grave* el robarle, por ej. a un obrero la cantidad correspondiente al salario de un día; supongamos, 150 ptas. Es leve o *venial* el robarle por debajo de esa precisa cantidad; por ejemplo, si sólo se le sustraen 149 ptas. con cincuenta céntimos.

ejemplo, una mentira que contribuye a un asesinato);[16]
b') cuando falta el pleno conocimiento o la libertad plena,
sea cual sea la gravedad de la materia *objetiva.*

Las funestas consecuencias prácticas de esta arbitraria
delimitación entre pecado *mortal* y *venial* son fáciles de advertir: una gran parte de católicos «practicantes» (para los
indiferentes, sobra la línea de demarcación) se preocupan
únicamente de no traspasar la frontera del pecado *mortal,*
no dando importancia alguna a los llamados pecados «veniales». Esta es la razón por la cual los Manuales de Teología Moral Católica han sido, hasta hace pocos años, poco
más que extensas listas de pecados mortales y veniales, para
uso de los confesores.

Una visión más positiva y, hasta cierto punto, más bíblica
de la Moral puede verse en libros de modernos teólogos católico-romanos, destacando *La Ley de Cristo,* de B. Häring
(2 vol. Barcelona -Herder).[17]

CUESTIONARIO:

*1. ¿En qué consiste la diferencia entre pecado original y per-
sonal? 2. ¿En qué sentido es en nosotros voluntario el pecado original? 3. ¿Cuál es la doctrina católica, tanto tradicional como moderna, acerca del* Limbo de los niños? *4. ¿A
qué se llama pecado actual y pecado habitual? 5. ¿En qué
se diferencian el pecado* mortal *y el* venial, *y cómo se perdonan, según la Teología Católica? 6. ¿Cómo dividen el pecado venial? 7. ¿Qué condiciones se requieren, según Roma,
para que se cometa un pecado* mortal? *8. ¿Qué consecuencias acarrean estas distinciones?*

---

16. Los modernos teólogos progresistas afirman que no todas
las mentiras son pecado (ni mortal ni venial), por ejemplo, cuando
se dicen para guardar un secreto, para salvar la vida de un inocente, etc., alegando que no hay obligación de decir la verdad cuando
nuestro interlocutor no tiene derecho a conocerla.

17. V. también la obra dirigida por Ch. Curran, *¿Principios absolutos en Teología Moral?* (Santander —Sal Terrae— 1970), libro li-
geramente teñido de las tendencias liberales agrupadas bajo el
denominador de *Moral de situación.*

LECCION 24.ª   NOCION Y DIVISION DE GRACIA

1. Noción de gracia

La enseñanza tradicional de la Iglesia de Roma acerca de la *gracia* es que con este término se denomina «todo don divino que tiende a conducir al hombre hacia la visión intuitiva de la esencia divina y que es totalmente gratuito, o sea, no es *debido* en ninguna manera a la condición natural o a la actuación personal». Este segundo aspecto *(negativo)* de la gracia se comprenderá mejor analizando las formas en que algo puede ser *debido,* y, por tanto, *natural* al ser humano:

A) Como una parte *constitutiva* de su ser, como es, para el hombre, poseer un cuerpo humano organizado y un alma inmortal;

B) como una *consecuencia* del estado normal de su ser; por ejemplo, para un hombre, poseer el uso de razón;

C) como una *exigencia* interna de su propia constitución y destino; por ejemplo, para un ser humano, tener una meta y unos medios para conseguirla, apropiados a su naturaleza;

D) como un *merecimiento,* es decir, como un derecho (mérito) a ser recompensado por su trabajo o servicio en favor de otra persona.

Por tanto, cuando decimos que la gracia es algo *sobre*natural, indicamos: a) que trasciende el poder y los derechos de cualquier ser creado (aspecto *positivo*); b) que es inmerecida (no debida) para una creatura (aspecto *negativo*).

2. División de la gracia

A)   La gracia en general se divide en:

a)   *gracia dada gratis*,[18] cuando es un don que se da
para provecho *inmediato de la comunidad,* como el profe-
tizar; y *gracia que hace grato,* si el don se da primordialmente para beneficio del recipiente, como la gracia «santificante».

b)   *Gracia de Dios* (de la Creación), como la que fue
dada a nuestros primeros padres antes de la caída y de la
consiguiente promesa del Redentor;[19] y *gracia de Cristo* (de
la Redención), como son todas las gracias impartidas a los
hombres como frutos de la Redención de Cristo (tanto antes
como después de su venida).

c)   *medicinal,* cuyo objetivo es «curar» las heridas pro-
ducidas en la naturaleza humana por la pérdida de una visión
recta y del dominio de la concupiscencia, y *elevante,* necesaria para «elevar» los actos humanos y la naturaleza humana
al estado «sobrenatural».[20]

B)   La *gracia que hace grato* se subdivide en:

a')   *actual,* que consiste en una moción transitoria y

---

18. Toda *gracia,* como su nombre indica, se da *gratis,* pero los
teólogos usan esta expresión convencional para remarcar que esta
gracia se concede primordialmente para beneficio, no del recipiente,
sino de otros.

19. Una antigua controversia enfrentó a los franciscanos, según
los cuales la Encarnación del Verbo se hubiera realizado aun cuando el hombre no hubiese caído, y a los dominicos, etc. según los
cuales el principal y decisivo objetivo de la Encarnación fue la
Redención. Según los primeros, todas las gracias (antes y después
de la Caída) son *gracias de Cristo.*

20. Según la escuela *molinista* (jesuítica, de Luis de Molina),
la gracia *medicinal* no tiene por qué ser necesariamente sobrenatural *en sí,* sino que puede consistir en medios que Dios provee naturalmente, aunque *inmerecidamente* para el hombre pecador. Según la escuela *tomista* (dominicana, de Tomás de Aquino), la gracia
medicinal es siempre la misma gracia *elevante habitual,* que cumple
con los dos objetivos (curar y elevar). Ambas escuelas coinciden en
que la gracia *elevante* es absolutamente necesaria para cada acto
sobrenatural.

temporal del Espíritu Santo, como una súbita iluminación de la mente, o una estimulación de la voluntad;

b') *habitual* o «santificante», que consiste en un *hábito* o cualidad infusa.[21]

C) La gracia *actual* se subdivide en:

a") *externa,* cuando primeramente afecta al hombre *desde fuera,* como es un sermón; *interna,* si afecta directamente a las facultades *internas* del hombre, como una súbita inspiración de Dios para obrar la virtud.

b") *iluminante,* si afecta directamente a la mente; *fortificante,* si afecta directamente a la voluntad.

c") *preveniente,* si precede al acto deliberado al que sirve de excitante; *concomitante,* que acompaña a la realización del acto deliberado al que sirve de soporte sobrenatural.

d") *suficiente,* si da el *poder* (energía sobrenatural) para realizar un acto sobrenatural; *eficaz,* si comporta la *actual realización* del acto.[22]

---

21. La diferencia entre gracia *actual* y *habitual* puede aclararse con una comparación: la 1.ª es semejante a una descarga eléctrica a través de un metal conductor; la 2.ª a la incandescencia producida por una resistencia, por ejemplo, una lámpara eléctrica, que arde y brilla mientras está conectada a la central. En el caso 1.º, la naturaleza humana es un mero *instrumento* del Espíritu, para que el acto sea, a la vez, humano y sobrenatural; en el 2.º, se recibe una 2.ª naturaleza (como el hierro candente, que es a la vez, *hierro* y *fuego*), la cual se convierte en el principio interno «con-natural» de los actos y virtudes *sobrenaturales.*

22. Según los *molinistas* (y ésta parece ser la posición del Tridentino - V. Denzinger, 1554), Dios da a *todos* gracias *suficientes,* las cuales se convierten en *eficaces* automáticamente por *la cooperación del libre albedrío.* Según los *tomistas,* Dios da a todos gracias, al menos remotamente, suficientes; pero sólo a algunos da gracias eficaces. La posición molinista es intermedia entre la arminiana y la semipelagiana. Arminio extendía a todos la suficiencia de la gracia (como los molinistas), pero admitía la salvación sin méritos (de gracia, mediante la fe), lo cual ha sido siempre negado por Roma. Por otra parte, los molinistas se distinguen de los semipelagianos en tres puntos: 1.º, en que admiten el carácter absolutamente inmerecido de la 1.ª gracia, mientras que los semipelagianos mantenían que el libre albedrío puede merecer, de alguna manera, con su esfuerzo la 1.ª gracia; 2.º, en admitir cierta eficacia de la gracia en un signo anterior a la cooperación humana,

Simultáneamente con la infusión de la gracia «santificante», Dios imparte las virtudes *infusas* (sobrenaturales)[23] y los *dones* del Espíritu Santo.[24] (V. Isaías 11:23).

Esta ha sido la doctrina tradicional de la Iglesia de Roma en Occidente. Las iglesias orientales, tanto «católicas» como «ortodoxas» aprendieron de los «Padres» griegos un distinto concepto de gracia. Así:

1) Mientras el Occidente se ha expresado en términos de «esencias», «naturalezas», «sustancias» y «accidentes», el Oriente ha preferido concebir la gracia como algo «orgánico-dinámico», en términos de «vida», «luz», «poder», «amor».

2) Mientras el Occidente ha preferido el concepto *jurídico* de sobrenatural: algo *sobre* los derechos de la naturaleza humana, el Oriente lo ha concebido en términos de «poder transformador, iluminador, etc.», conectado con los aspectos *místicos* de la vida cristiana.

3) Mientras para el Occidente, la participación de la divina naturaleza se obtiene primordialmente *(formaliter)* por la *infusión de una cualidad* sobrenatural que eleva nuestros actos al nivel de las operaciones divinas, la Teología Oriental ha concebido dicha participación de la naturaleza divina como el efecto directo de la *inhabitación del Espíritu Santo,* el cual va transformando y fortaleciendo nuestro espíritu por sí mismo.

---

mientras los semipelagianos sostenían que todas las gracias eran enteramente iguales en su suficiencia; 3.º, en admitir la declaración del C. de Trento de que la perseverancia final es un don especial de Dios, mientras que los semipelagianos decían que estaba enteramente a disposición del libre albedrío.

23. Las virtudes *infusas* se dividen en *teologales,* que se dirigen directamente a Dios (fe, esperanza y caridad), y *morales,* cuyo objeto *directo* es el aspecto moral (honesto) de la acción (por ej. la justicia, la fortaleza, etc.).

24. Las virtudes son *facultades activas,* como los remos en un barco; los dones del E. S.º son *potencias pasivas,* disposiciones de *docilidad* a la conducción del Espíritu, como las velas extendidas al viento en un barco.

3. La moderna Teología

A partir del siglo XVII, y por impulso del jesuita francés Petau, llamado el Padre de la Teología Positiva,[25] y, sobre todo, a través del teólogo alemán del siglo pasado M. J. Scheeben, los conceptos-clave de la Teología Oriental fueron presentados con gran profundidad y atractivo místico. Los teólogos modernos van en busca de nuevas formulaciones en la misma dirección,[26] y el mismo Vaticano II parece favorecer esta corriente, aunque tratando de guardar cierto equilibrio entre la Teología Escolástica y la Positiva. El Nuevo «Catecismo Holandés» se opone con energía al concepto escolástico de gracia y trata de presentar todo este tema en un contexto más bíblico, aunque los elementos intrusos de las ya citadas corrientes modernas desvirtúan algún tanto la pureza bíblica de la exposición. Sin embargo, no son de desdeñar las cosas buenas que allí se dicen; por ejemplo, se insiste en que las distinciones teológicas no nos deben hacer olvidar que hay una sola gracia, producida por la presencia de un Espíritu; por ser un Espíritu viviente, resulta improcedente hablar de gracia en términos de una entidad, etcétera, impersonal, como si fuera una especie de fluido sobrenatural; que la gracia implica, sobre todo, tres cosas: misericordia perdonadora, don enteramente gratuito, algo que hace al hombre aceptable a Dios.[27]

25. Llamada así en oposición a la «Escolástica», o sea, la enseñada en las «escuelas» teológicas medievales.

26. No se olvide el ingrediente existencialista de la «Nueva Teología», el cual se aviene bien con el concepto oriental de gracia (personal, existencial, dinámico, frente al concepto occidental = natural, esencial, estático).

27. V. p. 287-289 de la edición inglesa.

CUESTIONARIO:

*1. Noción de gracia y de sobrenatural.   2. Aspectos positivo
y negativo de «sobrenatural», siempre dentro de la Teología
de Roma.   3. ¿A .qué llaman* gracia dada gratis *y gracia que*
hace grato, gracia de Dios *y* gracia de Cristo, medicinal y
elevante?   *4. Definiciones católicas de gracia actual y habitual.   5. ¿Cuándo se llama la gracia actual:* externa, interna,
preveniente, concomitante, suficiente y eficaz?   *6. ¿Cuál es el
punto controversial entre tomistas y. molinistas acerca de la
eficacia de la gracia actual?   7. ¿A qué llaman virtudes* teologales *y* morales?   *8. Diferencia entre las virtudes y los dones.   9. ¿Qué distintos aspectos ofrecen las corrientes católicas tradicionales en Oriente y Occidente acerca de la gracia?
10. ¿En qué dirección se mueve la «Nueva Teología» acerca
de esta materia?*

LECCION 25.ª LOS DOS ESTADIOS DEL PROCESO DE LA SALVACION

Según el «dogma» católico-romano, definido en Trento, la justificación puede perderse si se comete un pecado «mortal» cualquiera, de manera que el hombre justificado sólo puede alcanzar su salvación final si guarda o vuelve a obtener la gracia de la justificación (gracia «santificante») por medio de los sacramentos y de las buenas obras. De ahí que el proceso de la salvación quede dividido en dos estadios: *justificación* y *salvación final.*

1. Justificación

La Teología Romana no distingue entre *justificación* y *santificación,* al definir aquélla como el acto por el cual Dios infunde la gracia «santificante», con el perdón de los pecados,[28] a los pecadores arrepentidos, por medio del Bautismo

---

28. Según el Tridentino, el perdón de los pecados, que produce un cambio *interior* en el pecador (contra Rom. 3:25-26; 2 Cor. 5:19), haciéndole intrínsecamente santo, es consecuencia de la infusión de la gracia «santificante». Los teólogos de las distintas *escuelas* discuten sobre la naturaleza del *nexo* entre la entrada de la gracia y la salida del pecado: los *tomistas* dicen que el nexo es *metafísico,* o sea, la incompatibilidad de gracia y pecado (mortal) es absoluta, como la de vida y muerte, que ni por milagro pueden conciliarse; los más de los jesuitas (tras Suárez), dicen que el nexo es *físico* y la incompatibilidad parecida a la del fuego y el agua, así que pueden co-existir en un mismo sujeto mediante un milagro de la omnipotencia divina; finalmente, los escotistas (seguidores de J. D. Escoto), dicen que el nexo es *moral,* de tal manera que, después del favor de perdonar los pecados, Dios queda obligado por su propia promesa a infundir la gracia santificante.

o de la absolución sacramental. Algunos teólogos modernos, especialmente H. Küng[29] (y, hasta cierto punto, el «Catecismo Holandés»), adoptan acerca de la justificación un concepto similar al evangélico.

Por otra parte, según el Tridentino, nadie puede estar completamente seguro de su propia justificación, a no ser por especial revelación de Dios.[30] Las razones que suelen alegarse son: a) nadie puede estar seguro de haberse arrepentido debidamente (sobrenaturalmente) de sus pecados; b) nadie puede estar completamente seguro de la intención del ministro del Bautismo o de la Penitencia, sin la cual el rito sacramental resulta inválido.

2. Salvación final

Según la Teología del Tridentino, nadie puede estar seguro, a no ser por revelación personal,[31] de su salvación final, pues ésta depende de la perseverancia final y ésta, en último término, de la predestinación divina al Cielo, la cual no alcanza a *todos* los justificados (V. Denz. 1567), ya que

29. V. sus libros *Justificación* y *La Iglesia* (p. 281 de la edición inglesa).
30. V. Denzinger, 1534.
31. V. Denzinger 1566. Los pasajes bíblicos que los Manuales de Teología suelen aducir en favor de esta afirmación son Rom. 11:22; 1 Cor. 9:26-27; 10:12; Fil. 2:12. Podemos replicar que ninguno de dichos textos afecta a la seguridad de la salvación. En Rom. 11:22, el Apóstol amonesta, *en general*, a los cristianos convertidos del paganismo, a no envanecerse por el hecho de que la infidelidad del pueblo judío haya sido ocasión de la abundante salvación otorgada a los gentiles. A no ser que, por fe, se hagan dignos de la bondad de Dios, no estarán en mejor posición que «el pueblo elegido». Ahora bien, los verdaderos creyentes *siempre permanecen en la bondad de Dios*. 1 Cor. 9:26-27 no trata del dilema de *salvarse o condenarse*, sino de la necesaria competición deportiva para ser un provechoso servidor del Señor, y así no ser *descalificado* como servidor de poca utilidad. Aparte de que la necesidad de emplear un autocontrol para hacer cierta la salvación («test» para nosotros), nada dice en favor de la inseguridad de la salvación (en sí) de tal persona. 1 Cor. 10:12 es semejante a Rom. 11:22. Pablo previene a los presuntuosos corintios contra el peligro de la *autoconfianza*

Dios concede a todos los justos el *poder* de perseverar, pero no concede a todos la perseverancia *actual*. Añádase a esto que, según el mismo Tridentino, como ya hemos dicho al principio de la lección, cualquier justo puede perder la gracia de la justificación. Por tanto, el motivo de incertidumbre es múltiple.[32]

3. El mérito sobrenatural

Este asunto de la salvación final nos lleva a la consideración del concepto de *mérito*, puesto que, según la Teología católica, la salvación depende en último término (supuesta la gracia elevante actual o habitual, según los casos) de la cooperación *meritoria* del hombre.

Mérito es toda obra realizada en beneficio de otra persona dispuesta a ofrecer la debida recompensa. Esta idea del *mérito* ha entrado en la Teología católica merced a una confusión del concepto bíblico de *recompensa prometida* a las obras buenas, con el de *recompensa debida* a las buenas obras. Este equívoco aparece en la interpretación que los Manuales de Teología Romana suelen dar a pasajes como

(sugerida por el término «hestánai»), que suele desembocar en caídas miserables (no definitivas para un verdadero creyente) por parte de quienquiera que confía en su propia posición, fuerzas o méritos; actitud totalmente opuesta a la del humilde y agradecido creyente que se sabe *salvo de pura gracia*, aunque tan seguro de su propia salvación como lo puede estar de su indulto un condenado a muerte. Filip. 2:12 no trata del *miedo a perder la salvación*, sino de la humildad, vigilancia y *responsabilidad* de quien coopera con Dios en la grandiosa tarea de la salvación (compár. Filip. 2:13 con 1 Cor. 2:3; 2 Cor. 7:15 y Efes. 6:5).

32. Como argumentos positivos en favor de la seguridad de la salvación del verdadero creyente, podemos aducir pasajes tan claros como Juan 10:28-29, donde se nos dice que nadie será capaz de arrebatar a las ovejas de Cristo (que saben que lo son - vers. 14) de la mano omnipotente del Padre y del Hijo, y Rom. 8:32-39, donde se nos asegura que *ninguna criatura* podrá separarnos del amor que Dios nos tiene en Jesucristo (V. también Fil. 1:6; Hebr. 13:5 y 1 Ped. 1:3-5). Así pues, nuestra salvación no está pendiente de la fragilidad humana, sino de la estabilidad divina.

Mateo 5:12; 25:34 ss.; Romanos 2:6; 1.ª Corintios 3:8; 2.ª Timoteo 4:8 y otros.[33]

Es doctrina de la Iglesia Romana que nadie puede merecer en manera alguna la primera gracia actual,[34] pero la justificación puede ser merecida *de congruo,* mediante la cooperación a la gracia actual, y la salvación final puede merecerse *de condigno,* guardando o readquiriendo la gracia habitual. De ahí se deriva la gran importancia de las BUENAS OBRAS en la Teología católica tradicional.

Dividen el *mérito* en:

A) *De congruo* (por fidelidad, de acuerdo con una promesa), cuando toda la recompensa está basada en alguna promesa; así que este mérito no tiene otra exigencia que el puro favor de Dios. Se subdivide en:

a) *imperfecto,* cuando el sujeto está actuado por la gracia *actual,* pero no posee la gracia «santificante» (habitual), y

b) *perfecto,* cuando el sujeto posee la gracia habitual, pero el objeto del mérito no pertenece a los bienes que pueden merecerse *de condigno.*

B) *De condigno,* si la obra merece, *por su valor intrínseco,* alguna recompensa,[35] al menos porque Dios ha esta-

---

33. V. L. Ott, *Fundamentals of Catholic Dogma,* pp. 264-269.

34. Los molinistas admiten, sin embargo, que el hombre puede *disponerse* a esta primera gracia, no positivamente (haciendo buenas obras), sino negativamente (evitando empecatarse más), de modo que, en virtud de una ley general de la benevolencia divina, no porque el hombre lo merezca, Dios infaliblemente otorga la 1.ª gracia conducente a la salvación a quienquiera que procura vivir honestamente. (Esta es, notablemente *facilitada,* la vía de salvación abierta por el Vaticano II en su *Const. Dogm. sobre la Iglesia,* p.º 16.) Esta es la base teológica del tradicional axioma: «Al que pone lo que está de su parte, Dios no le niega la gracia.» Pero el N. Testamento enseña que *todos* estábamos *muertos* en nuestros pecados y delitos (V. Efes. 2:1 ss.).

35. Para que la obra tenga derecho (*en justicia*) a la recompensa, hace falta, además del valor intrínseco de la obra, la aceptación extrínseca del que otorga la recompensa, ya mediante pacto explícito, ya mediante destinación implícita de Dios - tal obra para tal pago. Pongamos un ejemplo: un obrero agrícola trabaja durante algún tiempo en el campo de cierto propietario; aunque este tra-

DOCTRINAS SOBRE LA SALVACIÓN

blecido *un nexo necesario (o destinación objetiva)* entre la obra y la recompensa; por ejemplo, si Dios ha establecido que el hombre no consiga su salvación eterna sino mediante la realización de una determinada obra buena. Sólo quien posee la gracia «santificante» puede merecer *de condigno.* Esta clase de mérito se subdivide en:

a') *por justicia rigurosa,* cuando la ecuación entre el valor intrínseco de la obra y la recompensa ofrecida es total (aritmética), a causa de la relevante posición del sujeto que merece. De esta clase son los méritos de Cristo, por ser los méritos de una persona *divina;*[36]

b') *por cierta condescendencia,* cuando la obra en sí no merece *tanta* recompensa, pero Dios condesciende a dar un premio que sobrepasa inmensamente el valor intrínseco de la obra; así, entre la obra meritoria del pobre hombre que hace cuanto puede, y la recompensa de Dios que premia de acuerdo con su infinita misericordia y sus inmensas riquezas, hay sólo una proporción *geométrica.*

4. Objeto del mérito

Como hemos dicho, sólo el hombre justificado puede merecer con mérito propiamente dicho. ¿Qué cosas se pueden merecer de una manera u otra?

A) Toda persona justificada puede merecer *de congruo* muchas clases de favores divinos para sí y para otros. Para otros, puede merecer incluso la primera gracia, cosa que no puede merecer para sí misma (por no ser entonces aún *digna*).

---

bajo tiene un valor intrínseco que lo hace acreedor a un salario, este derecho no es *efectivo* mientras no media un contrato entre el propietario y el tal obrero. Los escotistas niegan todo valor intrínseco al mérito sobrenatural, basándolo enteramente en su aceptación por Dios.

36. Los escotistas niegan esto, tanto por lo dicho en la nota anterior, como porque niegan que la personalidad divina de Cristo afecte a la *calidad* de Sus méritos, negando así que éstos posean una dignidad *infinita.*

B) Sólo Jesucristo (según los «maximalistas», también la Virgen María —aunque ésta *por condescendencia,* mientras que Cristo *por justicia rigurosa)* puede merecer *de condigno* por otros. Esta es la base de la *redención.*

C) La persona justificada puede merecer *de condigno* para sí misma: a) aumento de gracia; b) aumento de gloria; c) la obtención de la salvación final, con tal de que posea la gracia «santificante» en el momento de morir (Denzinger 1582).

5. La predestinación a la gloria

La Teología católica tradicional mantiene que la salvación *como conjunto* es efecto de la elección y predestinación divinas, ya que la primera gracia, de donde arranca el camino de la salvación, es totalmente gratuita. Pero si se considera la salvación final *en sí misma* (es decir, prescindiendo de la justificación) los teólogos se dividen: según los tomistas, Dios da la gloria como recompensa a los méritos, pero predestina a la gloria en un signo lógico[37] anterior a la previsión de los méritos *(ante praevisa merita);* según los molinistas, la predestinación a la gloria depende enteramente de la previsión de los futuros méritos («*post praevisa merita»).* Ambos están de acuerdo en que Dios tiene la iniciativa de la salvación final, ya otorgando a sus elegidos gracias *eficaces* para que no caigan en pecado *mortal,* ya llevándoselos al Cielo en un momento propicio, o sea, mientras poseen la gracia «santificante».[38]

---

37. «Signo lógico» es una expresión convencional para significar que, aunque en Dios no hay «antes y después» en el orden del tiempo (por ser eterno y planear todo desde Su eternidad), sin embargo distinguimos una prioridad *lógica* (es decir, según nuestra mente, que no puede comprender de un golpe lo que en Dios es *simultáneo,* por ser eterno) entre la *volición* divina y la *consiguiente* planificación de la historia del Universo (en la que están incluidas nuestras pequeñas historias).

38. De aquí proviene el dicho popular: «Que Dios le coja en buena hora.»

Si la predestinación a la gloria depende, de algún modo, de los méritos que se hagan para conseguirla, ¿quiere esto decir que pueden fallar los planes de Dios respecto de la salvación de los elegidos? En ninguna manera. Los tomistas hallan muy fácil la solución, ya que todo lo *posible* (objeto del conocimiento divino llamado de «simple intelección») pasa a ser *real* (objeto del conocimiento llamado de «visión») en virtud de la pre-determinación (si el objeto es moralmente bueno) o de la pre-permisión (si el objeto es moralmente pecaminoso) divinas eternas. Ello incluye, naturalmente, también los actos humanos, ya que (según los tomistas) el libre albedrío humano sólo puede pasar de la potencia al acto en virtud de una pre-moción física, infaliblemente eficaz, de la voluntad divina.[39] Los molinistas, para salvaguardar el libre albedrío, niegan la tal pre-determinación eterna, y la consiguiente pre-moción física, de los actos humanos, mientras procuran salvaguardar la predestinación divina mediante una tercera clase de conocimiento por parte de Dios, llamado «ciencia media» (es decir, intermedia entre la de «simple intelección» y la de «visión») por la que Dios ve lo que cada uno *haría* en cualquiera de los órdenes posibles de cosas; así que Dios ya sabía lo que iba a hacer cada uno desde el momento en que decidió (recuérdese que hablamos de signos *lógicos)* crear el orden actual.

---

39. Esta doctrina está basada en la teoría aristotélica sobre la potencia y el acto, y resulta, así explicada, más fatalista que el hiper-calvinismo, pues la doctrina de la Reforma mantiene el concepto bíblico-agustiniano de gracia eficaz, en sentido de *atracción psicológica* (V. Juan 6:44, con la genial interpretación de Agustín de Hipona —hay fragmentos de ella en Rouet, 1822) más bien que de *premoción física.*

CUESTIONARIO:

1. ¿Por qué distingue la Teología de Roma dos estadios diferentes en el proceso de la salvación? 2. ¿Cuál es el concepto de justificación *en dicha Teología? 3. ¿Qué razones alegan contra la certeza de la justificación? 4. ¿En qué se funda la inseguridad de la salvación del creyente, según el Tridentino? 5. Concepto católico-romano de «mérito» y su influencia en el concepto de salvación por las OBRAS. 6. División y subdivisiones del «mérito» sobrenatural en la Teología de Roma. 7. ¿Quién y qué puede merecer, tanto «de congruo» como «de condigno»? 8. ¿Cuáles son las opiniones de los teólogos católico-romanos respecto a la predestinación divina a la salvación final? 9. ¿Cómo explican ambas opiniones la conjugación de la presciencia divina y de la libertad humana a este respecto?*

LECCION 26.ª   FE Y OBRAS EN LA SALVACION

1. Noción católico-romana de fe

Al no discernir entre justificación y santificación, el Concilio de Trento anatematizó como *herejía* la doctrina bíblica de la Reforma de que somos justificados *por la fe sola,* o sea, *sin obras* (V. Romanos 3:28), por la imputación de la justicia de Cristo (V. 2.ª Corintios 5:21).[40] Pero, ¿qué entiende Roma por «fe»?

Según la enseñanza tradicional, definida en Trento, fe es una virtud sobrenatural, por la cual creemos las verdades reveladas por Dios. El acto de fe es producido *directamente* («elicitive») por nuestro intelecto; es, en una palabra, «un asentimiento intelectual a las verdades reveladas por Dios, en virtud de la autoridad infalible de Dios, quien no puede engañarse ni engañarnos».

No se olvide que, según la filosofía aristotélico-tomista, el intelecto es la parte más noble del ser humano.[41] Siguiendo a Aristóteles, Tomás de Aquino afirma que la suprema perfección de todo ser es la que ha designado el primer autor de tal ser; «y el primer autor del Universo es una inteligencia. Por consiguiente, el último fin del Universo debe ser el bien

---

40. V. Denzinger, 1559, 1561.
41. Contra la filosofía agustiniano-escotista, que hace de la voluntad (amor) la parte más noble del hombre. Agustín dice: «Los hombres son voluntades.» De aquí, la preponderancia del amor sobre el conocimiento en la teología y piedad franciscanas. Y con razón, pues Jesús dijo: «El que quiera hacer la voluntad de Dios, conocerá...» (Juan 7:17). Y Pablo afirma: «Con el *corazón* se cree» (Rom. 10:10).

del intelecto: y este bien es la verdad»[42] Esta es la razón por la que Tomás afirma la necesidad de la fe para salvarse, ya que «la felicidad última del hombre consiste en una visión sobrenatural de Dios: y el hombre no puede alcanzar esta visión a no ser que sea enseñado por Dios», puesto que «todo el que aprende necesita creer, a fin de poder adquirir la ciencia ("scientiam" = conocimiento) en un grado perfecto».[43]

Pero mientras el asentimiento *científico* se basa en la *evidencia,* el asenso de la fe se basa en la palabra de Dios. Notemos aún que podemos basar nuestro asenso en la autoridad *docente* de un maestro, en la medida en que podemos contrastar sus enseñanzas con nuestra propia investigación; éste no es propiamente un asenso de *fe.* La fe se basa necesariamente en la autoridad *atestante* de Dios, es decir, no en nuestra comprensión de los misterios que Dios revela, sino *sólo* en su *testimonio.*

Como la fe no se basa en evidencia, su objeto *no se ve,* pero es cierto y firme, porque la palabra infalible de Dios demanda una firme adhesión. El creer es un acto *libre* (pues sólo la evidencia *obliga* a la mente a asentir) y, por tanto —dicen— *meritorio.* La gracia se encarga de cubrir la brecha que media entre la no-evidencia del objeto y la certeza de la fe.

Si se considera como *acto,* la fe es —en la teología católica tradicional— el primer paso en el proceso de la justificación. Como *hábito* (virtud infusa) se otorga juntamente con la gracia «santificante», aunque no desaparece automáticamente al desaparecer ésta, a no ser por un pecado que afecte *directamente* a la fe (incredulidad, herejía, apostasía). Por tanto —dicen—, la fe puede ser: a) *informe* (muerta), cuando subsiste sin la gracia y la caridad; b) *formada* (viva) cuando está vivificada por el amor, que es el trasfondo sobrenatural de toda virtud auténticamente cristiana.

---

42. *Summa contra Gentiles,* I, q. 1. Muy de otra manera habla el Dante: «L'amore che muove il Sole l'altre stelle.»
43. *Summa Theologica,* II-II, q. 2, a. 3.

2. Ulteriores divisiones de fe

La fe *actual* se subdivide en: A) *explícita,* cuando su objeto inmediato es una verdad revelada; por ejemplo, «creo que el Verbo se encarnó»; B) *implícita,* cuando su objeto inmediato es la autoridad docente de la Iglesia; por ejemplo, «creo lo que la Iglesia cree». Según la opinión más corriente en los Manuales de Teología, sólo dos verdades son indiscutibles como absolutamente necesarias para salvarse y, por tanto, objetos necesarios de fe explícita: que existe Dios, y que es remunerador (V. Hebreos 11:6).[44]

Hasta hace unos treinta años, la opinión unánime de los teólogos católicos era que la fe actual implica un asenso a las verdades *actualmente* reveladas (fe *formal),* de acuerdo con Romanos 10:14-17. Pero recientemente se ha extendido la opinión (también entre los evangélicos) de que quien conoce a Dios por la razón natural (auxiliado por la gracia de Dios) y se muestra *presto a creer* lo que Dios pueda revelarle, posee ya una fe *virtual,* suficiente para salvarse. El Vaticano II parece favorecer abiertamente esta opinión.[45]

3. Fe y obras

Consiguientemente al concepto tradicional de fe como «asenso intelectual», la doctrina tradicional católica ha enseñado que la fe *sola* no puede justificar: 1) porque la fe es hecha *viva* por el amor y la gracia «santificante»; 2) porque son necesarias otras *obras,* ya a) como *disposiciones* —con la gracia *actual*— para la justificación (como temor,

---

44. No confundir esta doctrina de la Teología católica, como lo he visto en más de un libro evangélico, donde he podido leer: «¿Qué les pasó, pues, a todos los que, antes de 1870, no creían en la infalibilidad papal? ¿Se condenaron?» Estas preguntas implican dos equivocaciones: 1) que cada católico debe creer explícitamente *todos* los dogmas para salvarse; 2) que un dogma es objeto de fe divina y católica *antes* de ser proclamado como tal por la Iglesia.
45. V. la *Constitución Dogmática sobre la Iglesia,* p.º 16.

arrepentimiento, esperanza y amor), o b) como *condiciones* para alcanzar la salvación final o recuperar la justificación (como abstenerse de pecado «mortal» y hacer méritos —buenas obras—), o c) como *expiación* por los pecados (como penitencias personales y satisfacción sacramental).

La moderna teología católico-romana presenta el concepto de fe de una manera parecida a la de la Reforma,[46] aunque los ingredientes liberales y existencialistas son también notorios en ella. Así, el «Catecismo Holandés» dice:

«Fe es... el don del Espíritu que nos capacita para darnos enteramente a quien es mayor que nosotros, y aceptar su mensaje»; por la fe «somos puestos, de una manera muy real y profunda, en contacto con la realidad, la historia de Israel, Jesús de Nazaret, la existencia de su Iglesia»; «en el acto de darnos, experimentamos la verdad de que la vida, el crecimiento y el camino están ahí»; «fe es algo que tenemos en común. Creemos en grupo. También creemos *por* otros»; «es un salto en la oscuridad que hay que dar una y otra vez»; «esta conquista del desespero no es *ir*racional. Aunque el intelecto no puede penetrar tan lejos, puede reconocer que el creer es el verdadero método para conocer las grandes realidades».[47]

4. El arrepentimiento

En la Teología Católica, un verdadero arrepentimiento, interno y sobrenatural, es siempre absolutamente necesario para la salvación, después que se ha cometido un pecado «mortal». Según Tomás de Aquino, el pecado original no puede existir *solo* en un adulto, o sea, sin un pecado «mortal».[48]

46. V. H. Küng, *Justificación*. Un sustancioso resumen en *Christianity Divided* (edit. by D. J. Callahan, etc., London —Sheed & Ward— 1961), pp. 309-333.
47. Pp. 289-292 de la ed. inglesa. Mucho más bíblico es el lenguaje de P. Fannon, en *La Faz cambiante de la Teología*, pp. 49-56.
48. Tomás afirma que, cuando una persona no bautizada llega al normal uso de su razón, automáticamente (aunque sólo sea implícitamente) se orienta o hacia Dios, o contra Dios; si sucede lo

La Teología tradicional de Roma divide el arrepentimiento en: A) *perfecto* (contrición), cuando el motivo principal del arrepentimiento es un verdadero amor sobrenatural de Dios. Tiene como efecto el perdón inmediato de los pecados, con tal de que el sujeto tenga el propósito de recibir el sacramento (Bautismo o Penitencia, según sea el caso) a la primera oportunidad; B) *imperfecto* (atrición), cuando el motivo es la esperanza del Cielo, el temor del Infierno, o la fealdad intrínseca del pecado. La atrición sola no consigue inmediatamente el perdón de los pecados mortales, sino juntamente con el sacramento correspondiente.[49]

El motivo más corriente en el católico medio suele ser el temor al Infierno. Por eso, vamos a subdividir las clases de temor: a) *filial* es el temor reverencial, acompañado de amor, y propio de un hijo que no quiere tener a su padre ofendido. Este temor está incluido en el arrepentimiento perfecto o *contrición;* b) *simplemente servil,* cuando el odio al pecado está motivado por el temor al Infierno, de manera similar a como un criado evita ofender a su amo para no ser castigado. El Concilio de Trento admitió esta clase de temor como válido para la atrición; c) *servilmente servil,* cuando se odia el castigo, pero no el pecado y, por tanto, si no se comete el pecado, no se le pierde por eso el afecto, como cuando un criado trabaja únicamente cuando el amo le está mirando. El Concilio de Trento no admite este temor como motivo válido para la atrición.

1.º, tal persona queda justificada del pecado original; si lo 2.º, comete el primer pecado «mortal» personal. (No comprendemos cómo puede ser compatible esto con lo que el mismo Tomás enseña en otros lugares acerca de la necesidad de la fe *formal* para la justificación.)

49. La Palabra de Dios sólo conoce un arrepentimiento válido para la salvación (V. 2 Cor. 7:10).

CUESTIONARIO:

1. ¿Qué llevó al Concilio de Trento a condenar como herejía la doctrina de la justificación por la fe sola? 2. ¿Da Romanos 10:9-10 alguna pista para compaginar Romanos 3:28 con Gálatas 5:6? 3. ¿Cómo explica la Teología de Roma la certeza y la libertad del acto de fe? 4. ¿Qué conexión hay entre la fe habitual y la gracia «santificante»? 5. Fe explícita e implícita. 6. Fe formal y virtual. 7. ¿Cuál es la relación «fe - obras» en la Teología católica tradicional? 8. ¿Qué concepto de fe presenta la moderna corriente teológica de Roma? 9. ¿Es necesario el arrepentimiento, según Roma? 10. Contrición y atrición. 11. ¿Qué clases de temor distingue la Teología Romana y cuál de ellos enseña que es válido para un verdadero arrepentimiento?

LECCION 27.ª EL PROCESO DE LA JUSTIFICACION

1. Los pasos de la justificación

El Concilio de Trento (V. Denzinger, 1526, 1528, 1535) describe el curso ordinario del proceso de la justificación en la «regeneración bautismal» así:

A) El primer paso es el acto de fe; después, temor de la justicia divina, esperanza en la misericordia de Dios, odio y detestación del pecado, amor —al menos, inicial—[50] y el propósito de recibir el Bautismo y de comenzar una nueva vida.

B) Cuando las disposiciones necesarias están presentes (fe, arrepentimiento, esperanza y amor inicial), el sacramento confiere la gracia «santificante» y, consiguientemente, el perdón de todos los pecados. Este es el momento de la primera justificación.[51]

C) Esta justificación puede crecer: a) mediante obras virtuosas; b) mediante la fructífera recepción de sacramentos.

---

50. Para equilibrar las tendencias de los que creían que la simple atrición era suficiente disposición para la justificación y los que exigían el amor, el Tridentino empleó esta expresión «un amor inicial», el cual se manifiesta suficientemente en el propósito de guardar los mandamientos de Dios (Jn. 14:15).

51. Según Roma, el bautizado que comete un pecado «mortal» puede readquirir la justificación del mismo modo, pero mediante el sacramento de la Penitencia. La diferencia está en que el Bautismo borra todos los pecados, incluyendo los «veniales», y *toda* la pena merecida por los pecados, mientras que la Penitencia borra de suyo los mortales (los veniales en la medida en que uno los confiesa y se arrepiente de cada uno en particular) y sólo en casos de contrición excepcionalmente *profunda* borra *toda* la pena temporal debida por los pecados.

2. Las «causas» de la justificación

Comentando a Aristóteles *(Metaphysic* 13, a 24-b 16), Tomás de Aquino explica el tema de las *causas* que intervienen en la producción de un efecto determinado, diciendo que hay cuatro clases de «causas», ya que este término puede significar:

1) La *materia* de la que algo se hace, como el hierro (causa *material);*

2) La *forma* del diseño, así como la fórmula de la esencia de una cosa, etc. (causa *formal).*

3) El *agente* productor del objeto, como el arquitecto respecto de un edificio (causa *eficiente).*

4) El *fin* u objetivo que se pretende (causa *final).*

En el mismo comentario, Tomás de Aquino se extiende especialmente en las subdivisiones de la causa *eficiente* y de la *formal:*

A) La causa *eficiente* puede ser:

a) *principal,* o sea, el agente que se propone un efecto y lo realiza según su propio diseño; o

b) *instrumental,* o sea, el medio que el agente principal emplea para producir el efecto, como la sierra que el carpintero usa para hacer una mesa.

B) Teniendo en cuenta los pasos previos para realizar un efecto, la causa eficiente puede obrar:

a') *perfectivamente,* cuando da al efecto su perfección final, como hace un albañil y decorador al construir una casa;

b') *dispositivamente,* cuando no se da al objeto su última forma, sino que prepara la materia para el efecto deseado, como el secar al sol un leño para que arda más fácilmente.

C) La *forma* o causa *formal,* a su vez, puede ser de dos clases:

a") la forma *intrínseca* o elemento específico que determina la naturaleza objetiva de una cosa, como es la naturaleza humana o humanidad objetiva respecto de una persona humana (causa formal *esencial);*

b") el diseño exterior que sirve de plano o modelo, a semejanza del cual se hace algo. En este sentido llamó Platón «formas» a las ideas (causa formal *ejemplar).*

3. El Concilio de Trento y las causas de la justificación

Siguiendo los pasos de la filosofía aristotélica-tomista, el Concilio de Trento se tomó gran trabajo en especificar las «causas» de la justificación, llegando a la siguiente conclusión:[52]

1) «La causa *final* es la gloria de Dios y de Cristo y la vida eterna;

2) »La causa *eficiente* (principal) es el Dios misericordioso, que limpia *(abluit)* y santifica gratuitamente...

3) »La causa *meritoria*[53] es... nuestro Señor Jesucristo, quien... nos mereció la justificación con su santísima Pasión en el leño de la Cruz y satisfizo por nosotros a Dios Padre;

4) »La causa *instrumental* es el sacramento del Bautismo, que es el sacramento de la fe...

5) »Finalmente, la única[54] causa *formal* es la justicia de Dios, no por la que El mismo es justo, sino por la que nos hace justos, a saber, aquella que habiéndonos sido dada por El, nos renueva en el espíritu de nuestra mente, de tal

---

52. V. Denzinger, 1529.

53. La causa *meritoria* es una clase especial de causa *final,* ya que los méritos *mueven* a otra persona a dar una recompensa (ésta se da *en atención a* los méritos).

54. El Tridentino usó el término *única* para oponerse a la opinión del Superior General de los Agustinos, J. Seripandi, de que la causa formal de la justificación era *doble*: una *perfecta,* que es la justicia de Cristo, y otra *imperfecta,* que es nuestra propia justicia infusa. Seripandi había defendido la distinción entre justificación y santificación, pero en ambos puntos fueron derrotadas sus opiniones por las de la mayoría, gracias, sobre todo, a la intervención (más brillante que acertada) del jesuita español Diego Laínez.

manera que no sólo somos tenidos por justos, sino que así somos llamados en verdad y lo somos, recibiendo cada uno su justicia dentro de sí, de acuerdo con la medida con que "el Espíritu Santo reparte a cada uno como quiere" (1.ª Corintios 12:11) y según la propia disposición y cooperación de cada uno.»[55]

Estamos de acuerdo con Trento (más o menos) en cuanto a las causas principal, meritoria y final de la justificación, pero disentimos respecto a las causas dispositiva, instrumental y formal, según contrastamos a continuación:

EL TRIDENTINO	LA REFORMA
Dispositiva = fe, esperanza, arrepentimiento.	El Espíritu Santo (Hechos de los Apóstoles 16:14).
Instrumental = El Bautismo.	La fe (Efes. 2:8 *diá písteos*)
Formal = La justicia infusa (gracia «santificante»).	La justicia de Cristo imputada al creyente. (Véase 2.ª Corintios 5:21.)

CUESTIONARIO:

1. ¿Qué pasos sigue el proceso de la justificación, según el Concilio de Trento? 2. ¿Cuáles son las cuatro causas de las cosas, según la filosofía escolástica? 3. ¿Cómo se subdividen las causas eficiente y formal? 4. ¿Cuáles son las causas de la justificación, según el Tridentino? 5. ¿En cuáles estamos de acuerdo con el Tridentino, y en cuáles disentimos?

---

55. Trento se extendió más largamente en la exposición de la causa «formal», porque era éste el punto álgido de la controversia con la Reforma.

Parte cuarta

Los sacramentos

LECCION 28.ª NOCION, NUMERO Y EFICACIA DE LOS SACRAMENTOS

1. Noción de «sacramento»

Según la Teología católico-romana, sacramento es un signo[1] externo que confiere eficazmente la gracia que significa, siendo un instrumento de santificación instituido por Cristo para ser usado permanentemente.

Para que un sacramento sea *válido* (capaz de producir efecto), se requieren cuatro cosas: 1) materia válida; 2) fórmula correcta; 3) intención —al menos, virtual[2]— del mi-

---

1. 'Signo' es todo lo que sirve para hacer perceptible otra cosa no patente, mediante algún vínculo entre ambos, como la risa es signo de buen humor. Los teólogos católicos distinguen tres clases de signos: a) *natural,* cuando el signo surge de la misma naturaleza de la cosa significada, como el humo es signo del fuego; b) *convencional,* cuando todo el significado del objeto ha sido acordado al arbitrio de los inventores, como una bandera es signo o símbolo de una nación; c) *sacramental,* cuando el signo, aunque inadecuado a nivel material para expresar la interna realidad espiritual que comporta, guarda cierta analogía proporcional con el objeto cuya representación ha sido escogido. Por ejemplo, el agua del Bautismo a nivel material sólo puede expresar y efectuar el lavamiento material de un cuerpo o de unas ropas sucias, pero expresa también convenientemente en el nivel espiritual, mediante una ulterior elevación de su simbolismo, el lavamiento sacramental de nuestros pecados. Según la Teología Romana, los sacramentos son signos *eficaces* de gracia, porque no sólo *significan* la gracia conferida, sino que también *confieren* la gracia significada.

2. Según la Teología católico-romana, la intención puede ser: a') *formal* (actual), cuando el agente es consciente de lo que está haciendo en aquel momento; b') *virtual,* cuando no es actualmente consciente de lo que hace, pero está haciendo aquello *en virtud* de una intención previamente hecha (así —dicen— ocurre cuando un sacerdote se distrae en el momento de pronunciar las palabras de la consagración, pero todo lo que hace y dice en la Misa se reali-

nistro de realizar lo que la Iglesia intenta con aquel rito; 4) alguna intención por parte del sujeto, de recibir el sacramento.

Si el sujeto no ha llegado aún al pleno uso de la razón (o es mentalmente incapaz de por vida), no necesita intención ni disposición alguna para recibir *válida* y *fructuosamente* los cuatro sacramentos de que es capaz, a saber: Bautismo, Confirmación, Eucaristía y Orden. Pero es *ilícito* por parte del ministro el conferir la Eucaristía o el Orden a un infante o a un retrasado mental.

2. Número y división de los «sacramentos»

El Concilio de Trento definió que los sacramentos de la Nueva Ley son siete, ni más ni menos, a saber: Bautismo, Confirmación, Eucaristía, Penitencia, Extrema Unción (también llamada «Unción de los enfermos»), Orden y Matrimonio (D. 1601).

El Bautismo y la Penitencia son llamados «sacramentos de *muertos*», porque están destinados a impartir la vida de la gracia a quienes están espiritualmente muertos por el pecado.[3] Los otros cinco sacramentos son llamados «de *vivos*», porque el sujeto debe poseer la gracia «santificante» para poder recibirlos *fructuosamente*.

---

za en virtud de la decisión previamente tomada al revestirse en la sacristía y salir al altar); c') *habitual,* cuando una persona no es consciente de lo que hace, ni está obrando en virtud de una intención anteriormente hecha, pero ella hizo intención anteriormente y *no la ha retractado;* d') *interpretativa,* se llama la intención que nunca ha sido hecha, pero *se supone* que el sujeto la tendría si fuese consciente de la situación en que se encuentra (así —dicen— ocurre cuando alguien se encuentra inconsciente a causa de un accidente, pero siendo un buen feligrés, se supone que llamaría al sacerdote si se diera cuenta de su estado). Las dos últimas son suficientes para *recibir* la mayoría de los sacramentos, pero no para *darlos.*

3. Aunque la E. Unción es sacramento de *vivos*, ya que normalmente presupone el estado de gracia, actúa, sin embargo, como sacramento de *muertos* cuando el sujeto es incapaz de arrepentimiento actual o de confesarse a un sacerdote.

3. Eficacia de los sacramentos

Una de las doctrinas características de la Iglesia de Roma es que los sacramentos confieren la gracia sacramental [4] *ex ópere operato* (en virtud del mismo rito), o sea, se supone que el signo sacramental tiene el poder instrumental de santificar por el mero hecho de la válida realización del rito, de tal manera que la eficacia intrínseca del sacramento y la medida de la gracia querida por el Espíritu Santo *no dependen* de las condiciones personales del ministro o del sujeto. Es cierto que las condiciones espirituales del sujeto tienen una influencia *dispositiva* sobre la *fructuosidad* del sacramento y, por ende, sobre la medida de gracia que corresponde a tal disposición, pero no tienen influencia eficiente *perfectiva* sobre el efecto inmediato del sacramento.[5]

Por tanto, un sacramento es *válido* (tiene *poder* para santificar) cuando se cumplen las cuatro condiciones arriba indicadas para su realización cultual, pero para que sea *fructuoso* (santificando *actualmente* al sujeto), es preciso que el sujeto posea las siguientes disposiciones: a) fe y arrepentimiento, para los sacramentos *de muertos;* b) no constarle el estar en pecado mortal, para los sacramentos *de vivos.*[6]

¿Qué pasa, pues, cuando un sacramento es *válido,* pero *infructuoso?* El sacramento siempre produce en el sujeto, ya

---

4. Es la misma gracia «santificante», *más* un título o derecho especial a recibir oportunamente las gracias actuales necesarias para cumplir con las obligaciones anejas a cada sacramento.

5. Supongamos que alguien echa vino en un vaso *elástico,* con poder para ensancharse a voluntad. La persona que echa el vino es la causa eficiente *perfectiva,* pero la elasticidad del vaso es la *disposición* para recibir mayor o menor cantidad de vino, sin influir en la naturaleza y grados del mismo.

6. Decimos «no constarle el estar en pecado mortal», en vez de «no estar en pecado mortal», porque —según Roma— para que los sacramentos de *vivos* sean fructuosos, basta con una atrición general y creer «de buena fe» que se posee la gracia «santificante». Por ej. si alguien ha cometido un pecado «mortal», pero lo ha olvidado, puede recibir fructuosamente la Eucaristía (con atrición habitual) aunque queda obligado a confesarse tal pecado, si después lo recuerda.

el llamado «carácter», ya un «título espiritual», dispuestos a conferir actualmente la gracia, cuando se cumplan las condiciones para la fructuosidad. Es como un huésped que espera en la antesala, hasta que el comedor esté limpio y la mesa puesta.

Cuando el sujeto es consciente de que le faltan las necesarias disposiciones, comete un «sacrilegio» (= abuso de cosas, personas o lugares sagrados).

4. Naturaleza íntima de la eficacia sacramental

En los antiguos Manuales de Teología se agitaba la controversia sobre la naturaleza íntima de la eficacia de los sacramentos, diciendo unos (mayormente dominicos) que la causalidad instrumental de los sacramentos es *física,* como una sierra en manos del carpintero; otros (mayormente jesuitas) decían que es *moral,* como la eficacia de una oración a Dios; otros (con el cardenal Billot) que es *intencional,*[7] o sea, como la eficacia de un cheque presentado al cobro; otros, como el doctor Temiño, obispo de Orense, que cada sacramento tiene una causalidad distinta correspondiente a su naturaleza peculiar.

Los modernos teólogos hablan de otra manera. E. Schillebeeckx ve el sacramento como «un encuentro de Dios con el hombre» tras el signo sacramental: el hombre viene con su fe —instrumento subjetivo de la justificación—, y Dios viene —tras la cortina del símbolo sacramental— con su gracia (medio objetivo de la justificación), así que, el *ex ópere operato* significa —como dice Y. Congar, una garantía de que, entre la «fe sola» del hombre, y la «sola gracia» de Dios, nadie se interpone, puesto que la condición espiritual del ministro en nada afecta a la validez y eficacia del sacra-

---

7. Este término, tomado de la filosofía, indica que el sacramento, por ser un *signo,* «tiende a» (latín: *in-tendit*) expresar —como todo concepto mental— una relación hacia el objeto (en este caso, un derecho a la gracia, no la producción inmediata de la misma).

mento. O. Semmelroth dice que los 7 sacramentos son como los dedos de una mano gigante (la Iglesia, como «sacramento primordial»), que agarra al hombre y lo pone en contacto con la gracia salvífica.

CUESTIONARIO:

1. ¿Cuál es la noción de sacramento, según Roma? 2. ¿Qué se requiere para la validez? 3. ¿Cuántos son los sacramentos, según el Tridentino? 4. ¿A qué se llama sacramentos de muertos y de vivos? 5. ¿Qué significa la fórmula «ex ópere operato»? 6. ¿Qué se requiere para la fructuosidad de los sacramentos, según Roma? 7. ¿Qué pasa cuando un sacramento es válido, pero infructuoso? 8. ¿Cómo explican la eficacia sacramental los teólogos católicos, tanto antiguos como modernos?

LECCION 29.ª OTROS ASPECTOS GENERICOS DE LOS SACRAMENTOS

1. Ministro de los sacramentos

La Teología de Roma sostiene que Jesucristo es el ministro principal de los sacramentos, o sea, el que realmente bautiza, confirma, absuelve, etc., sirviéndose de los labios y de las manos del ministro ordinario (también llamado «secundario»). Los ministros visibles, secundarios, administran el sacramento como *vicarios* (que hacen las veces) de Cristo.

Dios es el único que puede producir la gracia, entidad sobrenatural. Como hombre, Jesucristo no produce la gracia, pero tiene el poder de escoger un signo material y vincular la comunicación de la gracia a un rito simbólico sacramental ya que es el único Mediador entre Dios y los hombres.

2. Autor de los sacramentos

Aunque disentimos en cuanto a la noción, número y eficacia (muchos, incluso, en cuanto al nombre) de los sacramentos, estamos de acuerdo con el Tridentino en que «el Señor Jesucristo instituyó todos los sacramentos de la Nueva Ley» (V. Denzinger, 1601).

La Teología de Roma asegura que Cristo instituyó directa y específicamente, al menos el Bautismo (Mateo 28:19), la Eucaristía y el Orden (Lucas 22:19), y la Penitencia (Juan 20:22-23). La Confirmación, la Extrema Unción y el Matrimonio habrían sido establecidos (al menos genéricamente) por Jesús, comunicados a los Apóstoles entre la Resurrección y la Ascensión (interpretando así Hechos 1:3) y promulgados por los Apóstoles después de Pentecostés (V. Denzinger 1716, acerca de la Extrema Unción). Examinaremos la supuesta base bíblica de cada uno de ellos, en sus lugares respectivos.

3. El «carácter» sacramental

Según la Teología católico-romana, tres sacramentos (Bautismo, Confirmación y Orden) imprimen, siempre que son válidamente administrados, una «marca» (griego: «cháracter») espiritual en el alma del sujeto. Esta marca o «carácter» permanece para siempre, incluso en el Infierno.

Si la respectiva gracia de estos sacramentos se pierde por el pecado «mortal», puede recobrarse sin repetir el sacramento. Estos tres sacramentos son *irrepetibles*.[8]

La Extrema Unción no se puede repetir dentro del «clímax» de la misma enfermedad. El matrimonio tampoco puede repetirse mientras no muere uno de los cónyuges. Así ambos sacramentos, si han sido válidamente administrados, dejan una especie de «título» en relación con la gracia sacramental respectiva, la cual será *actualmente* conferida cuando el sujeto posea las disposiciones necesarias, cuya ausencia constituye un *óbice* u obstáculo para que el sacramento sea *fructuoso*.[9] Este momento en que un sacramento anteriormente válido, pero infructuoso por falta de las debidas disposiciones, se hace fructuoso por aparecer en escena las disposiciones referidas, es llamado *reviviscencia* del sacramento.

---

8. La principal razón por que no pueden repetirse es porque los tres producen un «estado» permanente: por el Bautismo, una persona se hace *miembro* de Cristo; por la Confirmación, se hace *soldado* de Cristo; por el Orden, *jerarca* de la Iglesia. Por eso, sólo en la administración de estos tres sacramentos se usa el «crisma» (aceite consagrado y mezclado con bálsamo), para indicar que la persona queda *consagrada*, de alguna manera, a Jesucristo.

9. Por no entender bien esta materia, se leen equivocaciones como: «según Roma, los sacramentos confieren la gracia independientemente de las disposiciones del sujeto.»

Según la opinión más común entre los teólogos católicos, la Eucaristía y la Penitencia no dejan «título» alguno para una ulterior recepción de la gracia, o sea, que no *reviven*. En cuanto a la Eucaristía, la explicación suele ser que su recepción válida consiste esencialmente en la manducación del cuerpo de Cristo bajo los accidentes sacramentales (los elementos del pan y del vino). Por eso, al desaparecer el cuerpo sacramental de Cristo en virtud del proceso bioquímico de la digestión, desaparece cualquier «título» que reclame la gracia. En cuanto a la Penitencia, la opinión unánime es que la materia válida del sacramento consiste precisamente en los actos *dispositivos* (aunque deben manifestarse al exterior) del penitente, de manera que, o tales *disposiciones* se dan y el sacramento es entonces *válido* y *fructuoso* a la vez, o no se dan y entonces el sacramento es a la vez *inválido* e *infructuoso*. Por otra parte, ambos sacramentos pueden repetirse diariamente, con lo que no hay problema.

4. El sistema sacramental

Un examen cuidadoso de toda esta materia nos lleva fácilmente a la conclusión de que el Catolicismo Romano es un sistema *sacramental,* ya que todos los pasos de la salvación dependen, de algún modo, de la gracia sacramental, pues aunque según Roma, una persona se puede salvar, en caso de necesidad, sin la *actual* recepción del Bautismo o de la Penitencia, sin embargo, la salvación es absolutamente imposible sin el *deseo,* al menos, implícito del sacramento respectivo.[10]

---

10. Esto queda en vigor después del Vaticano II, pues aunque la *Constit. Dogm. sobre la Iglesia*, p.º 16, introduce en el camino de la salvación incluso a los ateos, si «se esfuerzan en llevar una vida recta», esta «vida recta» incluye necesariamente el deseo implícito de salvarse de acuerdo con el plan de Dios, el cual, según la Teología católica, se lleva a cabo mediante los sacramentos del Bautismo y de la Penitencia (V. Denzinger, 1524, 1618 y 1579).

De ahí la importancia de la declaración del Vaticano II de que «la Iglesia es en Cristo como un sacramento, o sea, signo e instrumento de la unión íntima con Dios».[11] En efecto, por la «regeneración bautismal», el más tierno bebé[12] entra en la Iglesia y comienza su vida «sacramental», que perdura hasta después de la muerte, tanto porque la Extrema Unción puede administrarse horas después del momento en que parece ocurrir el óbito, como porque la Iglesia alcanza a las almas del Purgatorio mediante sus «sufragios» (plegarias, indulgencias, misas).

Por eso, decía Tomás de Aquino que los sacramentos son *siete* para poder cubrir con su influencia sobrenatural las siete etapas de la vida espiritual del cristiano: nacimiento (al que corresponde el Bautismo); crecimiento (Confirmación); nutrición (Eucaristía); recuperación después de una enfermedad (Penitencia); plena recuperación de las consecuencias de cualquier enfermedad (Extrema Unción); propagación de futuros miembros de la Iglesia (Matrimonio); propagación de futuros ministros de los sacramentos (Orden). Por otra parte, cada sacramento lleva anejo el derecho o «título» a todas las gracias actuales convenientes para el fin de cada sacramento, o sea, prácticamente, para todas las coyunturas de la vida de un católico-romano.

CUESTIONARIO:

1. Siempre según la Teología Romana, ¿quién es el ministro de los sacramentos? 2. ¿Tiene Jesucristo poder para producir la gracia? 3. ¿Quién y cómo instituyó los sacramentos? 4. ¿Qué es el «carácter» sacramental? 5. ¿Qué sacramentos imprimen carácter? 6. ¿Qué pasa con los demás sacramentos a este respecto del «título» de la gracia y a la reviviscencia? 7. ¿Por qué decimos que el Catolicismo Romano es un sistema sacramental? 8. ¿Cómo aplicaba Tomás de Aquino los «siete» sacramentos a otras tantas fases de la vida?

11. *Const. Dogm. sobre la Iglesia,* p.º 1.
12. Según la Teología Moral católico-romana, el demorar la administración del Bautismo más de una semana después del nacimiento del bebé, es pecado *mortal* por parte de los padres o tutores.

LECCION 30.ª LOS SACRAMENTOS DEL BAUTISMO Y DE LA CONFIRMACION

1. El Bautismo

Para la Iglesia de Roma, éste es el Sacramento de la fe y de la regeneración espiritual. Vamos a detallar esquemáticamente sus distintos aspectos:

A) *Elementos:* a) La *materia* válida es el agua natural. Todo otro líquido es —según Roma— inadecuado para un Bautismo válido. Puede ser válidamente administrado por inmersión, aspersión o infusión, aunque en la Iglesia Occidental la práctica de la triple infusión sobre la cabeza del sujeto es obligatoria.[13] b) La única *fórmula* válida es hoy[14] la siguiente: «Yo te bautizo en el nombre del Padre y del Hijo y del Espíritu Santo.» c) *Ministro* válido es cualquier ser humano, con tal de que tenga uso de razón e intención —al menos implícita— de hacer lo que hace la Iglesia.[15] d) *Sujeto* válido es todo ser humano durante esta vida, incluso en el vientre de la madre, con tal de que pueda ser alcanzado físicamente por el agua bautismal.

---

13. Sobre la aparición del bautismo por infusión, V. el curso sobre la Iglesia.

14. No «en el nombre de la Ssma. Trinidad» o «en el nombre de Jesús». Los Manuales de Teología solían decir que esta última fórmula pudo ser válida en tiempo de los Apóstoles, añadiendo que la Iglesia no tiene poder para alterar la «sustancia» de los sacramentos, pero sí para poner condiciones e impedimentos que afecten a la validez de los sacramentos, como ha hecho en el Matrimonio.

15. Así un pagano o un ateo, aunque no crea en el Bautismo, puede bautizar válidamente —según Roma—, con tal que tenga intención de hacer lo que el sujeto le pida (intención implícita de hacer lo que la Iglesia intenta).

B) *Efectos:* a') Incorporación a la Iglesia, Cuerpo Místico de Cristo; b') la regeneración espiritual, con el perdón total de los pecados y de toda la pena merecida por ellos; c') el «carácter» bautismal, según lo dicho en la lección anterior.

C) *Necesidad.* El Bautismo de agua es absolutamente necesario —al menos, de deseo— con *necesidad de medio,*[16] para la salvación de todo ser humano. Roma se basa en Juan 3:5, interpretando literalmente el término «agua».[17] Pero hay otros dos medios que sustituyen al Bautismo de agua en ciertas circunstancias y hasta cierto punto, que son: a") el *martirio,* que sustituye al Bautismo de agua en que confiere la regeneración espiritual con el perdón total de las culpas y de la pena,[18] pero no incorpora a la estructura visible de la Iglesia (puesto que no es sacramento), ni imprime el «carácter», pues estas dos cosas son propias del Bautismo de agua; b") el *deseo* del Bautismo, también llamado bautismo «de fuego» (el martirio es también llamado bautismo «de sangre»), con fe y arrepentimiento perfecto (contrición), el cual confiere la regeneración espiritual con el perdón de los pecados mortales y de la pena eterna que merecen, pero no los pecados «veniales» ni la pena temporal, a no ser que la contrición sea extremadamente profunda y universal.

Acerca de la suerte de los niños que mueren sin el Bautismo antes de alcanzar el uso de la razón, ya hablamos en la lección 23.ª, p.º 1. La evolución a este respecto ha sido rápida, pues no hace todavía 20 años desde que

16. «Necesidad de medio» indica que algo es necesario como *medio* para salvarse y, por tanto, es indispensable e inexcusable. «Necesidad de precepto» indica que algo es necesario *porque está mandado,* quedando excusado quien ignora de buena fe tal precepto.

17. Un análisis cuidadoso del sentido de este término en la Biblia nos enseña que el agua tiene un doble simbolismo: de purificación por la Palabra, y de don vitalizador del Espíritu. Compárese Juan 3:5 con Efes. 5:26; 1 Ped. 1:3,23; 3:21.

18. La razón dada por Tomás de Aquino para este perdón *total* de culpa y pena es que el martirio comporta el más alto grado de amor a Cristo (Jn. 15:13) y la más perfecta semejanza a la muerte de Jesucristo.

Pío XII, en un discurso a las comadronas, les advirtió de la manera más solemne que el único camino de salvación para los fetos o recién nacidos a punto de morir, era el Bautismo de agua y que, por tanto, debían conocer bien y administrar correctamente el Bautismo a dichos niños, cuando el llamar al sacerdote supusiese una peligrosa demora en la administración del sacramento.

2. La Confirmación

En la antigüedad este «sacramento» se administraba inmediatamente después del Bautismo, y era llamado «perfección» del Bautismo, a causa de la donación del Espíritu Santo al bautizado.

A) *Elementos:* a) La *materia* es el «crisma»[19] *juntamente* con las manos del ministro del sacramento;[20] b) la *forma* es: «Yo te signo con la señal de la Cruz y te confirmo con el crisma de la salvación»[21]; c) el *ministro,* en la Iglesia Oriental, es cualquier sacerdote. En Occidente, el único ministro válido ha sido, durante muchos siglos, el obispo, pero Pío XII, en 1946, extendió a los párrocos el privilegio de administrar este sacramento, en caso de necesidad, como ministros extraordinarios, continuando el obispo como ministro ordinario; d) el *sujeto* es toda persona bautizada. Hasta el año 1946, este sacramento era administrado a cualquier edad después del Bautismo. Ahora, el sujeto tiene que haber llegado a la edad de la discreción (uso de razón), a fin de que sea consciente de sus deberes como *soldado* de Cristo

---

19. V. la nota 8 de la lección anterior.
20. La diferencia con la E. Unción en este punto es que allí no es necesario para la validez el contacto físico de las manos del ministro, porque la materia de la E. Unción es únicamente el óleo; lo cual tiene ventajas en caso de contagio.
21. En la Iglesia Griega, la forma es: «Este es el sello del don del Espíritu Santo.»

y pueda renovar personalmente los votos y promesas hechos en el Bautismo, en su lugar, por el padrino o la madrina.[22]

B) *Necesidad*. La Confirmación no es un sacramento necesario, pero, según la Teología católica, es pecado grave el despreciarlo. En realidad, desde el punto de vista católico-romano, este sacramento habría de tener muchísima importancia, ya que los niños bautizados no pueden adquirir por otro medio un aumento de gracia «santificante», al no poder recibir legítimamente otros sacramentos y ser incapaces, por carecer del uso de razón, de hacer «buenas obras».[23]

C) *Efectos:* a) Una infusión especial del Espíritu Santo. Se basan en Hechos 8:14-17, donde los Manuales de Teología hacen notar que esta efusión del Espíritu Santo algún tiempo después del Bautismo cristiano válido, supone obviamente un nuevo medio de gracia, o sea, un sacramento especial, distinto del Bautismo;[24] b) un aumento de gracia «santificante», ya que la Confirmación es un sacramento de *vivos;* c) una especial fortaleza espiritual para profesar, confesar y defender con denuedo la fe católica; d) el «carácter» sacramental, que hace de un feligrés un miembro *militante* (soldado de Cristo). Por esto, los documentos papales a partir de Pío XI y los teólogos de la misma época han venido presentando la Confirmación como el sacramento de la «Acción Católica» y de otras organizaciones militantes de la Iglesia de Roma.

---

22. Durante las ceremonias del Bautismo, los padrinos hacen, en lugar del bebé, una profesión de fe y los votos y promesas de adherirse al Señor y renunciar a las pompas y vanidades mundanas, así como al demonio.

23. Recuérdese que sacramentos y buenas obras son los dos medios de aumentar la gracia «santificante», y téngase en cuenta que, según Roma, a cada grado de gracia «santificante» corresponde un grado de gloria celestial, es decir, *un grado más perfecto de la visión intuitiva de la esencia divina*, algo sumamente importante para toda la eternidad.

24. Un estudio atento del Libro de Hechos nos enseña que tal efusión del Espíritu Santo —con o sin imposición de manos—, a veces coincide con el Bautismo, otras veces precede a la administración del Bautismo, otras veces sigue a ella, y otras veces no dice relación alguna al Bautismo, por lo que la base bíblica de tal «sacramento» resulta muy frágil.

CUESTIONARIO:

1. ¿Cuáles son los elementos del Bautismo, según la Teología Romana? 2. ¿Cuáles sus efectos? 3. ¿Con qué necesidad es necesario el Bautismo de agua, según Roma? 4. ¿Pueden sustituirse sus efectos salvíficos por otros medios? 5. Advertencia de Pío XII a las comadronas. 6. ¿Cuáles son los elementos de la Confirmación? 7. ¿De qué forma dicen que es necesario este sacramento y dónde radica su importancia teológica? 8. ¿Cuáles son sus efectos?

LECCION 31.ª ELEMENTOS Y PARTES DEL SACRAMENTO DE LA PENITENCIA

1. Sentidos del término «penitencia»

La palabra «penitencia» tiene, para el católico-romano, tres sentidos diferentes: 1) la virtud moral de la penitencia, que consiste principalmente en los actos de *arrepentimiento;* 2) las penalidades externas, impuestas como extensión del arrepentimiento interior y como medios de expiación personal por los pecados;[25] 3) el sacramento de la Penitencia. Ahora trataremos de este último.

2. El sacramento de la Penitencia

A) *Base bíblica.* La Teología católica sostiene como «dogma» que Jesucristo instituyó este «sacramento» y que sus palabras en Juan 20:22-23 se han de entender del poder de perdonar o retener los pecados en dicho «sacramento», tras el examen judicial que sigue a la confesión del penitente (V. Denzinger, 1701, 1703, 1710).[26]

---

25. El concepto de penitencia exterior ha estado influenciado por el concepto gnóstico-maniqueo de que el cuerpo carnal es fuente de corrupción moral. Esto supone una mala interpretación del Evangelio, que pone en el corazón moral el centro de la corrupción (Mat. 15:18-20) y del pensamiento paulino, que entiende por «carne» toda la naturaleza humana no- regenerada (Rom. 8:5-8).
26. Jn. 20:22 ss. ha de verse en el contexto de Mat. 18:18; Luc. 24:47; Hech. 13:38; 2 Cor. 5:18-20 (la «llave de la disciplina», tras la «llave del conocimiento»).

B) *Elementos:* a) A causa de la peculiar naturaleza de
este sacramento (acto judicial), no tiene *materia* propiamente
dicha (como es el agua, aceite, pan, vino), sino una «a modo
de materia *sobre la que» se realiza* (los pecados), y una «a
modo de materia *de la que»* se realiza (los actos del penitente en orden a la absolución sacramental; b) la *forma* consiste en las palabras de la absolución: «Yo te absuelvo de
tus pecados en el nombre del Padre y del Hijo y del Espíritu
Santo.»[27] Esta forma es una notoria adición, hecha en el
siglo XII. Anteriormente, la forma era simplemente: «Dios
te absuelva de todos tus pecados.» La adición de la fórmula
autoritativa: «Yo te absuelvo...» coincidió cronológicamente
con la intrusión de la «atrición» en el concepto de arrepentimiento.[28] c) El *ministro* válido es cualquier sacerdote que
posea licencia para oír confesiones y absolver, porque este
sacramento, al ser también un acto judicial, requiere ambos
poderes jerárquicos: el de orden y el de jurisdicción. Pero
tanto si es un caso de urgencia, como si el penitente ignora
«de buena fe» que tal sacerdote no posee las debidas licen-
cias, el sacramento es válido, aplicándose el principio de que
«la Iglesia suple la jurisdicción» (ella es el «gran sacramento»). d) *Sujeto* es toda persona que ha caído en pecado después del Bautismo. Si ha caído en algún pecado «mortal», el
sacramento (o, al menos, el deseo o propósito de confesarse,
junto con la *contrición)* es necesario con necesidad de *medio*
para la salvación eterna.[29] Si la persona sólo tiene pecados

---

27. En caso de necesidad —ahora se va estilando normalmente— puede absolverse en plural a todo un grupo: «Yo os
absuelvo...».
28. La aparición del concepto de «atrición» dio ocasión a un
tremendo aumento del poder sacerdotal en el confesionario, ya que
la atrición no perdona —según Roma— los pecados mortales, a no
ser *con la actual absolución del confesor.*
29. El C. de Trento definió que la confesión de *cada uno* de los
pecados «mortales» hecha en el sacramento de la Penitencia, es
absolutamente necesaria para la salvación, *por derecho divino* (es
decir, por institución divina). Sin embargo, el Nuevo «Catecismo
Holandés» admite que «en los primeros siglos de la Cristiandad,
el sacramento... era administrado sólo para tres culpas: apostasía
o idolatría, homicidio y adulterio (a lo que se añadió más tarde

«veniales», el sacramento es conveniente, pero no necesario. Se suele exhortar a la gente a que haga, algunas veces —especialmente al comenzar una época importante en la vida—, confesión *general,* como una revisión del pasado, a fin de obtener una mayor garantía de perdón (sobre todo, cuando se duda de la validez de pasadas confesiones, a no ser que la persona sea «escrupulosa»),[30] arrepentirse y expiar los pecados una vez más, y adquirir un aumento de gracia «santificante».

C) *Partes del sacramento.* Son cinco, según las enumeraba el famoso Catecismo de Astete: a') *Examen de conciencia,* a fin de encontrar el número, gravedad y circunstancias importantes[31] de los pecados cometidos desde la última confesión válida. El confesor puede preguntar sobre los pecados si el penitente no sabe confesarse o si sospecha que queda sin confesar algún pecado «mortal» o alguna circunstancia importante; b') *dolor de corazón,* es decir, arrepentimiento (al menos, atrición) interno, sobrenatural (por motivo sobrenatural), supremo (por ser el pecado el mayor mal) y universal (extendido a todos los pecados mortales, aun a los que el penitente pueda olvidar «de buena fe» tras un prudente

---

el hurto), si eran notorias y, por ende, provocaban gran escándalo. Los demás pecados eran perdonados mediante reconciliación mutua, la oración, penitencias particulares, buenas obras, etc.». (P. 458 de la edición inglesa) ¿Dónde queda así el «dogma» del Tridentino? (V. Denz. 1706, 1707). La realidad histórica es que «en los primeros siglos» la medida de expulsar de la comunidad a quienes cometían los tres crímenes arriba indicados, no era un «sacramento», sino una medida disciplinar de la comunidad eclesial.

30. La Teología Moral católica suele distinguir tres clases de conciencia: 1) *recta* (o delicada), cuando el penitente se forma un juicio correcto acerca de la maldad del pecado; 2) *laxa,* cuando tiende a subestimar la pecaminosidad de sus acciones; y 3) *escrupulosa* (producto de neurosis), cuando la persona tiende a ver *pecado* donde no lo hay, o a tener por cosa *grave* lo que es pecado «venial».

31. Una circunstancia adquiere *importancia* en orden al deber de confesarla, cuando añade una nueva malicia (por ej. el estar casado convierte la fornicación en adulterio), o hace que un pecado «venial» pase a ser «mortal» (como un aumento de cantidad en el hurto).

examen); c') *propósito* de la enmienda, esto es, una seria, firme y universal decisión de no volver a cometer un solo pecado mortal y de evitar la *ocasión próxima y voluntaria*[32] de cualquier pecado mortal. El propósito es válido aunque la persona pueda sospechar con motivo que volverá a caer en el pecado, con tal que ahora esté resuelta en su *corazón* a evitarlo. d') *Confesión de boca,* o sea, hecha oralmente al confesor. Sin embargo, el sujeto puede escribir sus pecados o decírselos en normal conversación al sacerdote, con tal de que *se acuse de ellos* en el tribunal de la Penitencia, antes de recibir la absolución (por ejemplo, diciendo: «Me acuso de todos los pecados que le he contado antes.») La confesión tiene que ser: sincera (sin subterfugios), íntegra (sin callar ningún pecado mortal recordado) y con disposición a cumplir la penitencia que el confesor imponga. e') *Satisfacción de obra* o penitencia sacramental, impuesta por el confesor después de la confesión del penitente y antes de dar la absolución. Las penitencias se deben imponer de acuerdo con la gravedad y número de los pecados (función expiatoria) y la necesidad espiritual del penitente (función medicinal). Si el confesor advierte que el arrepentimiento del sujeto es extremadamente intenso, puede absolverle sin imponer ninguna penitencia.[33]

---

32. Una ocasión de pecar es llamada *próxima,* cuando una persona, puesta en el peligro, generalmente cae, ya sea por la fuerza misma de la ocasión, ya por su peculiar debilidad; *remota,* cuando no constituye sino un peligro ligero y remoto. Se llama *voluntaria,* cuando puede ser evitada con relativa facilidad, y *necesaria* cuando es física o moralmente imposible el evitarla sin daño de la vida, de la salud o de la reputación. Por ejemplo, un individuo propenso a emborracharse siempre que acude a determinado bar, etc., tiene allí una ocasión próxima y voluntaria, pero un camarero del mismo bar, también propenso a emborracharse allí, pero que no dispone de otro medio de vida, está en ocasión próxima necesaria. El 1.º no puede ser absuelto a no ser que prometa seriamente no frecuentar tal bar, mientras que el 2.º puede serlo, siempre que prometa usar los medios convenientes para convertir la ocasión de *próxima* en *remota,* por ej. orando o frecuentando los sacramentos.

33. Aunque no infaliblemente, el confesor puede conocerlo por sus manifestaciones externas, como llanto o gemidos, etc. Añadamos que la disciplina penitencial, desde la Edad Media, ha invertido el orden, haciendo cumplir la penitencia *después de* la abso-

Si el penitente no tiene verdadero arrepentimiento, o no confiesa humildemente *todos* sus pecados mortales (o no confiesa nada), o no está dispuesto a cumplir la penitencia que se le imponga,[34] el confesor no puede absolverle válidamente.

CUESTIONARIO:

1. ¿Qué significa el término «penitencia»? 2. ¿En qué pasaje bíblico basa la Iglesia de Roma el «sacramento» de la Penitencia? 3. ¿Cuáles son sus elementos? 4. ¿Cuál es la «a modo de materia de la que» se realiza este sacramento, o sea, los actos o partes de la Penitencia?

---

lución, mientras que en la primitiva Iglesia, las señales de sincero arrepentimiento y la propia humillación, etc., precedían a la readmisión en la comunidad.

34. Pues estas tres son (entre las cinco) las partes *necesarias*, ya que el examen es un prerrequisito para la integridad de la confesión, y el propósito va implícito en un verdadero arrepentimiento.

LECCION 32.ª

EL PODER DE LA ABSOLUCION SACRAMENTAL

1. Los poderes sacerdotales

El poder y los privilegios del sacerdocio ministerial en la Iglesia de Roma aparecen en su mayor brillo y volumen en dos momentos principalmente: «transustanciando» los elementos en la Misa, y «perdonando» los pecados en el confesionario; dos cosas que, según la Teología Romana, nadie, ni los ángeles ni la Virgen María, pueden hacer, sino solamente Dios... y el sacerdote (V. Mateo 9:2-3).[35]

Este poder tiene su anverso y su reverso: a) estando toda la vida moral de un católico-romano bajo el control y guía de la jerarquía eclesiástica, el confesor (o el director espiritual) tiene una inmensa influencia en la vida personal, familiar, civil y política, bajo el pretexto de que todas esas actividades comportan un aspecto *moral* (por ejemplo, ser miembro de un determinado partido político o votar en favor de un determinado candidato, etc.). b) Por otra parte, es notorio el peligro moral que puede crear la intimidad espiritual establecida entre la apertura total de sensibilidades femeninas profundamente agudas y la receptividad interiorizada de un joven célibe, sobre todo, cuando las circunstancias locales y familiares obligan a éste a una soledad humana desnuda y total.

Por otra parte, no se puede desdeñar la paz, el consuelo y el ánimo que, en el plano psíquico-espiritual, puede com-

---

35. Estos poderes son el tópico corriente en los sermones de 1.ª Misa solemne.

portar el confesionario o la dirección espiritual, pero también
hay que tener en cuenta que dicha «paz espiritual» provo-
cada por los consejos del sacerdote, puede ser debida, como
reconoce la moderna Psiquiatría, a una falsa compensación
del «complejo de culpabilidad» y a una evasión de la responsabilidad personal, ante la pura norma evangélica, poniendo la solución de los problemas morales sobre las espaldas
del confesor.

Debemos enseguida añadir que el poder aludido está decreciendo rápidamente en nuestros días, debido principalmente a dos motivos: 1) a que los seglares católicos cultos desean,
con el apoyo del Vaticano II, pensar y decidir por sí mismos
en asuntos en que antes sufrían la interferencia sacerdotal;
2) a que la jerarquía eclesiástica está perdiendo su anterior
influencia en los estratos sociales más diversos y ante los
poderes públicos, no menos que ante la gran masa de «fieles»
de nombre, que han perdido todo interés en la religión, después de abandonar sus pocas «prácticas» y su escaso contacto con la Iglesia.[36]

2. Extensión de la jurisdicción personal en el confesionario

Después de esta digresión introductoria sobre el poder
sacerdotal en el confesionario, vamos a tratar del poder de
impartir la absolución sacramental, examinando la extensión
de la jurisdicción penitencial. En el punto siguiente trataremos
de las restricciones que puede experimentar dicha jurisdicción.

A) Según el Código de Derecho Canónico, el *Papa* posee
poder *ordinario*[37] para perdonar toda clase de pecados de

---

36. El Obispo Anglicano en Argentina, P. Tucker, decía en 1969
que sólo el 5% de la población católica de Buenos Aires asistía
a Misa en los días festivos.

37. Se llama jurisdicción *ordinaria,* cuando la persona la posee
en virtud de su oficio, y *delegada* cuando es otorgada por una persona que tiene jurisdicción «ordinaria» (*ab hómine* = otorgada por
un hombre) o por la norma establecida en el código de Derecho
Canónico (*a iure* = otorgada por el Derecho).

personas en todo el mundo, en virtud de su primado de jurisdicción suprema, universal e inmediata sobre la Iglesia entera.

B) Los *Cardenales* tienen el mismo poder (aunque por implícita delegación papal, de acuerdo con las normas del Derecho Canónico) para perdonar todos los pecados, excepto *seis* excomuniones *muy especialmente* reservadas al Papa.[38]

C) Los *Obispos* tienen poder ordinario para perdonar a cualquiera dentro de sus respectivas diócesis, y a sus súbditos diocesanos en cualquier parte. Los Vicarios Generales tienen el mismo poder, según el Código de Derecho Canónico. Las seis excomuniones arriba aludidas se exceptúan siempre.

D) Los párrocos tienen poder ordinario, establecido por el Derecho Canónico en conexión con su oficio parroquial,[39] para absolver a cualquiera dentro del territorio de sus respectivas parroquias, y a sus propios parroquianos en cualquier punto del mundo.[40]

E) Otros sacerdotes (ecónomos, sustitutos, coadjutores, capellanes) tienen poder *delegado,* según la jurisdicción que

---

38. V. El Código de Derecho Canónico, cáns. 2320, 2343, 2367, 2369, y además el revelar un secreto concerniente a lo sucedido en la intimidad del Conclave que elige nuevo Papa, y el consagrar a un obispo o recibir dicha consagración sin el nombramiento del Papa. Una de las seis excomuniones *muy especialmente* reservadas al Papa es incurrida por quienquiera que se atreve a poner manos violentas sobre la persona del Papa (can. 2343). Excomunión *especialmente* reservada al Papa es incurrida por quienes ponen manos violentas sobre un Cardenal, Legado, Patriarca, Arzobispo u Obispo, por quienes se atreven a acusar a una autoridad eclesiástica ante un Tribunal secular, a conspirar contra las legítimas autoridades eclesiásticas o a esforzarse por cualquier medio a rebajarlas.

39. Como la jerarquía de jurisdicción consta sólo de Papa y Obispos, los párrocos no poseen jurisdicción en virtud de su ordenación, sino sólo porque el Código de D. C. se les otorga en conexión con su oficio.

40. Nótese esta distinción, ya hecha al hablar de los Obispos. La razón es que la jurisdicción puede afectar a las personas y al territorio. Por eso, todo el que entra en el territorio de una diócesis, cae bajo la jurisdicción *territorial* del Obispo respectivo. Por otra parte, los que tienen ya residencia permanente en una diócesis, son súbditos *personales* del Obispo dondequiera que se encuentren. Lo mismo ha de decirse de los párrocos, con relación al territorio de sus respectivas parroquias.

les es otorgada por sus Obispos o Vicarios Generales y por el Derecho Canónico.

3. Restricciones al poder de la absolución sacramental

Algunos pecados de especial gravedad (no más de tres) son reservados *por* el Obispo (no sólo *al* Obispo) en su diócesis respectiva, de manera que sólo el Obispo, su Vicario General y el Canónigo Penitenciario pueden absolver de ellos, a no ser que el Obispo conceda también a otros sacerdotes el mismo poder.[41] Esta *reservación* (sin censura) se incurre incluso cuando el penitente la desconoce, puesto que la reservación afecta *directamente* al confesor, poniendo ciertas restricciones a su poder absolutorio, no al penitente.

Además de dichos tres pecados, reservados *sin censura* eclesiástica, hay muchos otros pecados reservados *a causa de* la censura impuesta por ellos.[42] La *censura* eclesiástica[43] es de tres clases:

A) *Excomunión,* que puede ser incurrida por cualquiera (excepto por el Papa y por los Obispos, a no ser que éstos sean excomulgados personalmente por el Papa o sean mencionados explícitamente en el Código de Derecho Canónico) que cometa con deliberación y contumacia (siendo consciente de la censura en que incurre) ciertos pecados graves, externos y notorios, mencionados en el Código de Derecho Canónico.

---

41. Suelen hacerlo en ocasiones extraordinarias a algunos o a todos los sacerdotes, dentro del territorio diocesano, por ej. con ocasión de un «jubileo» o de unas «misiones» diocesanas o locales.
42. De modo que la censura afecta directamente, no al sacerdote, sino al penitente.
43. No se confunda esta *censura,* que es una pena eclesiástica impuesta por ciertos pecados, con la «censura eclesiástica» que figura en los libros de religión o escritos por eclesiásticos en señal de que han sido examinados y aprobados, para su publicación, por la autoridad diocesana del lugar.

B) *Suspensión,* por la que a un sacerdote se le prohíbe decir Misa y administrar los sacramentos, a causa de algún especial pecado grave, a juicio del Superior.

C) *Entredicho,* por el que se prohíbe en una Iglesia, parroquia, diócesis o nación, la celebración de los servicios litúrgicos, a causa de algún desorden moral especial o del ataque grave a las autoridades eclesiásticas.

CUESTIONARIO:

1. ¿En qué consisten los principales poderes del sacerdote, según la Teología católica?   2. Anverso y reverso del confesionario.   3. ¿Cómo y por qué está decreciendo dicho poder en nuestros días?   4. ¿Qué clase y ámbito de jurisdicción (en orden al confesionario) poseen el Papa, los Cardenales, los Obispos, los párrocos y otros sacerdotes?   5. ¿A qué se llama (y cuántos deben ser en cada diócesis) pecados reservados, sin censura, al Ordinario del lugar, o sea, al Obispo y a su Vicario General?   6. ¿Cuáles son las censuras eclesiásticas y cómo se incurre en ellas?

LECCION 33.ª   LA EXPIACION SUPLEMENTARIA

1. La base teológica

Según la Teología católico-romana, el Bautismo perdona toda la culpa y toda la pena, porque —como dice Tomás de Aquino—, es la sepultura del hombre viejo en la muerte y resurrección de Jesucristo, de modo que la perfecta expiación del Calvario se aplica *totalmente* en la regeneración bautismal. Pero cuando una persona es ya cristiana, cada pecado que comete —dicen— adquiere una malicia especial, pues ya no es un enemigo el que peca, sino un amigo y un hijo, redimido por la sangre de Jesús, lo cual equivale a pisotear la Cruz de Cristo[44] y caer en el estado anterior a la salvación.[45] Por tanto, la expiación del Calvario se aplica a un cristiano de acuerdo con su arrepentimiento, es decir, de acuerdo con la medida en que el creyente pecador se aplica a sí mismo la expiación de Cristo mediante la disciplina de la Iglesia, ya que, por el Bautismo, ha quedado sometido al «poder de las llaves».[46]

---

44. Así suelen interpretar Hebr. 6:4-6 y aun el Salmo 55:12-14. El Concilio de Trento dice que la naturaleza de la justicia divina parece exigir mayor satisfacción de aquéllos que, habiendo recibido el don del Espíritu Santo, etc. «no han temido, a sabiendas, violar el templo de Dios y contristar al Espíritu Santo», que de aquéllos «que, por ignorancia, han pecado antes del Bautismo» (V. Denzinger, 1690).
45. Los libros devocionales suelen citar 2 Ped. 2:20-22 en favor de esto.
46. El carmelita español, B. Xiberta lo ha expuesto en un contexto eclesiológico, diciendo que el pecado de un bautizado constituye directamente una «culpa eclesiológica» y, a través de ella, es una «culpa teológica»; lo que significa que el pecado de un

Así, pues, en el «sacramento» de la Penitencia, se perdona la culpa y la pena *eterna* debida por los pecados «mortales», pero queda la pena *temporal* por los pecados ya perdonados en cuanto a la culpa, a no ser que la contrición haya sido extremadamente profunda y universal, lo cual no es corriente; de ahí que se suponga que hasta los mayores «santos» pueden pasar por el Purgatorio.[47]

2. Cómo se expía la pena temporal

Hay cinco modos de expiar la pena *temporal* remanente después del perdón:

A) Por medio de penitencias personales.

B) Por satisfacción sacramental (ver lección 31.ª, punto 2, C).

C) Por el efecto satisfactorio de la Misa (como veremos más adelante).

D) Por medio de indulgencias (de las que vamos a hablar en el p.º 3).

E) Padeciendo las penas del Purgatorio (del que hablaremos en el p.º 4).

3. Las indulgencias

Las «indulgencias» son un favor o gracia espiritual por la que el Papa (y, en cierto grado, los Obispos —ya por personal delegación del Papa, ya por norma del Código de

cristiano va contra Cristo *porque* va contra la Iglesia, Su Cuerpo Místico, no vice-versa; por eso, cuando el pecado es perdonado o retenido por la Iglesia es perdonado o retenido, consiguientemente, por Dios (interpretando en este sentido Juan 20:22-23).

47. Pero Rom. 8:1; Hebr. 10:14, etc., nos dicen que la expiación pagada por Jesús en el Calvario por cada fiel es «perfecta» para siempre. A fieles se dirige 1 Juan 2:1-2. Pueden también citarse Is. 55:1-2; Apoc. 22:17 contra cualquier pago de expiación suplementaria.

Derecho Canónico—) paga cierta cantidad de pena temporal, del llamado «tesoro o depósito de méritos y satisfacciones de Cristo, de María y de los santos».[48] Como «Vicario de Cristo en la Tierra» y supremo poseedor del «poder de las llaves», se supone que el Papa es el administrador soberano de dicho depósito.

A)   En atención a su *cantidad,* la «indulgencia» puede ser:

a)   *plenaria* (total), cuando se entiende que desaparece *toda* la pena, con tal que el sujeto tenga las debidas disposiciones.[49] Sólo el Papa puede otorgarla.

b)   *parcial;* por ejemplo, de cincuenta días, de cinco años, etcétera. Este tiempo no corresponde a días o años de Purgatorio, como se cree erróneamente, sino a los días o años de penitencia pública, como se hacía en los primeros siglos de la Iglesia.[50]

B)   En atención al *modo de aplicarse,* ha de tenerse en cuenta que:

a')   las indulgencias por un miembro de la Iglesia todavía en el mundo, se aplican por vía de *absolución,* porque sólo la Iglesia peregrina está bajo la jurisdicción de la jerarquía eclesiástica;

b')   las indulgencias por las almas del Purgatorio se aplican por vía de *sufragio* o súplica, porque el Papa, al no

---

48. Según la Teología Romana, los «santos» no han podido *merecer* «de condigno» por otros, pero han podido *expiar* «de condigno» por otros, si ya satisficieron por sí mismos más de lo que ellos necesitaban; así pueden pagar de su «superávit».

49. Podría inferirse de aquí que una persona a quien se otorga una indulgencia *plenaria* habría de quedar libre del Purgatorio y no necesitar más indulgencias ni sufragios, pero la cosa no es tan segura; si se trata de una persona viva, siempre es dudoso que haya poseído las debidas disposiciones (verdadero arrepentimiento, etc.,); si es un difunto, el Papa no posee jurisdicción sobre el Purgatorio, quedando la indulgencia en las manos libres de Dios. Así que nadie puede saber nada de cierto acerca del resultado de las indulgencias *plenarias.* Por eso aconsejan la repetición de indulgencias, Misas, etc., (¿Por qué no hablar claro?).

50. Tampoco se sabe cuántos días o años de Purgatorio corresponden a los días o años de la penitencia pública, como se realizaba en los primeros siglos.

tener jurisdicción en el Purgatorio, encomienda estas indulgencias en las manos de Dios, para que Él las aplique de acuerdo con su voluntad y propósito.[51]

Especiales indulgencias se dan en determinadas ocasiones, como son los «Jubileos» ordinarios y extraordinarios.[52]

Los modernos teólogos católico-romanos no hablan mucho de indulgencias. Muchos obispos progresistas del Vaticano II pidieron una completa reforma en este asunto. Los documentos del Vaticano II guardan un silencio absoluto acerca de las indulgencias. Y el «Catecismo Holandés» habla de ellas como de «costumbres anticuadas», aunque trata de rodear su historia de un simpático contexto, al añadir que «el elemento de fe de valor permanente detrás de estas anticuadas costumbres es que la Iglesia trata de impartir largueza tan regiamente como es posible, del tesoro del perdón de Cristo, y que nosotros podemos hacer algo que encarne nuestra buena voluntad».[53]

4. El Purgatorio

Finalmente, si alguien no ha pagado suficientemente en esta vida por sus pecados, queda una quinta vía: el Purgatorio. La Teología Romana pretende basar esta enseñanza, sobre

---

51. La liturgia romana expresa esta diferencia en una ceremonia de la Misa. El celebrante echa unas gotitas de agua en el cáliz que ya contiene el vino que se ha de consagrar, como símbolo de la Iglesia —Cuerpo de Cristo— que va a ofrecerse con su Cabeza-Cristo. Si la Misa se dice con ornamentos de color, el celebrante bendice —haciendo la señal de la Cruz— el agua que va a mezclarse con el vino; pero si la Misa se dice de negro (por los difuntos), el agua no se bendice en señal de que la Iglesia no tiene jurisdicción sobre el Purgatorio.

52. «Jubileo» es un término tomado del A. Testamento. Cada 50 años (a comienzos y mitad de cada siglo) hay un jubileo ordinario. Los extraordinarios se proclaman en especiales ocasiones, como pasó en 1933, como 19.° centenario de la Redención.

53. P. 455 de la edición inglesa.

todo, en 2.ª Macabeos 12:43-46; pero también en 1.ª Corintios 3:12-15, e incluso en Mateo 5:26 y 12:32[54]

Los sufrimientos del Purgatorio —dicen— pueden durar muchos años, incluso hasta el fin del mundo.[55] Por esta razón, algunos católico-romanos que disponen del dinero suficiente, dejan grandes sumas de dinero para que se les digan regularmente misas *in perpetuum* = a perpetuidad, es decir, hasta el día del Juicio Final (hay casos que recuerdan lo denunciado en Marcos 7:9-13).

La enseñanza tradicional de la Teología Romana es que el principal tormento del Purgatorio es el fuego (1.ª Corintios 3:15). Los devocionarios aseguran que este fuego no se diferencia del del Infierno, excepto en que éste es eterno y el del Purgatorio es temporal. Sin embargo —afirman— esta terrible pena del fuego y de una expectación tanto más penosa, cuanto mejor se conoce el propio estado de antesala del Cielo, queda compensada por la seguridad de la salvación y de que estos sufrimientos tienen por objeto presentar al alma limpia de «toda mancha y arruga» (Efesios 5:27) en las puertas del Cielo.[56]

---

54. V. L. Ott, *Fund. of Catholic Dogma*, pp. 483-484. Los libros de los Macabeos no se encuentran en el canon palestinense, único reconocido por judíos y evangélicos. Pero, aun reconocido como libro histórico que refleja el pensamiento del judaísmo tardío, no ofrece fundamento para el Purgatorio, pues trata de «sacrificio por el pecado» que implica una purificación legal, no una expiación de ultratumba, ya que la expiación personal está clara en el vers. 40. En cuanto a 1 Cor. 3:15, no se implica un fuego de purificación del pecado, sino del fuego del Juicio Final que probará los materiales usados por los predicadores en la edificación de la Iglesia: el material inútil será consumido y el hombre perderá recompensa, pero en nada queda afectada su vida de ultratumba. Una falsa interpretación de Mat. 5:26, hecha 1.º por Tertuliano (V. Rouet, 352) fue el comienzo de esta creencia, favorecida por elementos paganos y gnósticos.

55. Aunque los teólogos romanos admiten la 2.ª Venida del Señor, es opinión muy corriente que esto sucederá a un plazo de quizá millones de años.

56. Algunos teólogos modernos comparan el Purgatorio a una sala de cirugía plástica y a una adecuada «toilette» para quitar las manchas que afearían a una persona que va a entrar en el Cielo. El Dr. Ramsey, Arzobispo anglicano de Canterbury habla de un

Según la Teología Romana, en virtud de la llamada «comunión de los santos»,[57] los fieles de este mundo pueden conseguir, con sus plegarias, penitencias, indulgencias, Misas, etcétera, un alivio y acortamiento de las penas que padecen las almas del Purgatorio.[58] La leyenda del Escapulario del Carmen contenía (además de la pretendida promesa de librar de las llamas del Infierno a los que mueren revestidos de él) una ulterior promesa, por la que todos los que, además de llevar el Escapulario, hubiesen rezado cada día el «Oficio Parvo» de la Virgen y hubiesen guardado castidad según su estado, saldrían del Purgatorio en el sábado siguiente al día de su muerte.

El Vaticano II no menciona el Purgatorio. El «Catecismo Holandés» mantiene todavía esta doctrina y cita 2.ª Macabeos 12:43-46, aunque trata de expresar la creencia en el Purgatorio sin los antiguos legendarios detalles y de una forma «ecuménica», como si la diferencia con las enseñanzas de la Reforma no fuese tan grande en esta materia.[59]

«crecimiento» en el Purgatorio, antes de llegar a la «madurez» que el Cielo requiere. P. Fannon, en *La Faz Cambiante de la Teología*, pp. 99-100, dice que más que un estado, es un momento intensivo y decisivo tras la muerte, en que el alma purifica su yo al encuentro con Cristo, rechazando cuanto se interfiere entre nosotros y Él.

57. Esta expresión significó, antes y mejor, «comunión de las cosas santas».

58. Recordemos a los católicos: 1) que el único camino de salvación es mediante la justificación por la fe en Jesucristo; 2) que los que mueren en el Señor, descansan de sus trabajos (Apoc. 14:13). La *requies aeterna* = descanso eterno, por el que tanto se ruega en las exequias católico-romanas, está ya garantizada para el verdadero creyente (V. también Rom. 8:1 *«ninguna condenación...»*).

59. V. pp. 476-477 de la edición inglesa.

CUESTIONARIO:

1. ¿En qué se basa la doctrina católica de una expiación suplementaria? 2. ¿Cuántos modos hay de expiar la pena temporal y cuáles son? 3. ¿Qué son las indulgencias? 4. ¿Cómo se dividen? 5. ¿A qué equivalen los días o años de indulgencia? 6. ¿Qué dicen los modernos teólogos y el Vaticano II acerca de las indulgencias? 7. ¿En qué pasajes bíblicos funda Roma su doctrina sobre el Purgatorio? 8. Duración y naturaleza de los tormentos del Purgatorio. 9. ¿Cómo se pueden aliviar o acortar estos tormentos? 10. ¿Qué dicen los teólogos modernos y el Vaticano II acerca del Purgatorio?

LECCION 34.ª EL SACRAMENTO DE LA EUCARISTIA (EL CONTENIDO)

1. La presencia real de Cristo en la Eucaristía

Respecto a este «dogma» que es uno de los principales en la Iglesia Católica Romana, hay tres cosas que considerar: A) El hecho; B) El modo de hacerse presente Cristo en el altar; C) El modo de estar de Jesucristo bajo los accidentes.

A) *El hecho de la presencia de Cristo en el Altar.* El Concilio de Trento definió que en el sacramento de la Eucaristía «se contienen verdadera, real y sustancialmente el cuerpo y la sangre, juntamente con el alma y la divinidad de nuestro Señor Jesucristo» (Denz. 1651). Entre los Reformadores, sólo Lutero admitió esta doctrina (aunque no la transustanciación, de la que vamos a hablar inmediatamente), en virtud de su opinión (de sabor monofisita) de que la naturaleza humana de Cristo está en todas partes[60] y, por lo tanto, también *en, con* y *bajo* los elementos del pan y del vino.

B) *El modo de hacerse presente,* según el Concilio de Trento, es por «transustanciación»,[61] es decir, por el cambio

---

60. Porque Cristo —decía Lutero— está ahora « a la diestra de Dios Padre», y la diestra del Padre está en todas partes.

61. Tomás de Aquino dice que el Cuerpo de Cristo no viene al altar por traslación local, ya que no deja el Cielo, sino por cambio de la sustancia del pan en Su Cuerpo, etc., Tomás niega la posibilidad de una multilocación, cuando el mismo cuerpo está en diferentes lugares, *ocupando* el lugar, pero admite la multilocación sacramental porque en ella —dice— el cuerpo de Cristo no está coextendido con las dimensiones del lugar, o sea, no *ocupa* lugar. La palabra «transustanciación» fue usada ya en forma de participio pasivo («transsubstantiatis pane in corpus, et vino in sanguinem potestate divina») en el Concilio IV.º de Letrán, el año 1215 (V. Denzinger 802).

de toda la sustancia de pan en el Cuerpo de Cristo, y por el cambio de toda la sustancia del vino en su Sangre, quedando solamente las apariencias (o accidentes)[62] del pan y del vino (Denz. 1652).[63]

El «Catecismo Holandés» no menciona la transustanciación, pero admite todavía la presencia corporal de Cristo en la Eucaristía,[64] aunque haciendo notar que el significado primordial de la Eucaristía («la razón más honda de *por qué* la Iglesia hace lo que el Señor hizo») es recordar la muerte y resurrección de Cristo.[65] Las nuevas corrientes (modernismo, relativismo, existencialismo) están notorias en dicho libro, pues la Eucaristía se presenta como un misterio incomprensible, al cual nos acercamos «mediante acciones» y en el que cada época encuentra nuevas facetas y nuevos valores, de manera que «Jesús es siempre nuevo en su misterio más grande».[66]

Las expresiones de H. Küng acerca de la presencia de Cristo en la Eucaristía son todavía más ambiguas que las del «Catecismo Holandés». Habla de una «presencia corporal en conexión con la corporalidad de Jesús»[67] y dice que el pan y el vino son «signos *efectivos,* que contienen lo que representan»,[68] pero todo el contexto resulta ambiguo y a veces podría interpretarse al modo calvinista, al margen de la transustanciación.[69]

La «Nueva Teología», que avanza decididamente en el Continente europeo, especialmente en Holanda, sostiene el

---

62. El Concilio usó la palabra *speciebus* = apariencias, en vez de *accidentibus* = accidentes, para evitar discusiones y expresar el «dogma» en términos vulgares, más bien que en lenguaje técnico filosófico.
63. Resultaría prolijo y abstruso explicar en este pequeño volumen todas las teorías que han inventado los teólogos para dar una explicación racional al «dogma» de la transustanciación.
64. V. p. 343 de la edición inglesa.
65. La frase no es enteramente correcta, como veremos después.
66. V. pp. 332-334 de la edición inglesa.
67. En *La Iglesia,* p. 220 de la edición inglesa
68. P. 219.
69. V. pp. 211-224.

punto de vista de que no se realiza ningún cambio *sustancial* en los elementos de la Eucaristía. Quedan el pan y el vino con su propia naturaleza, pero hay una «transfinalización» (quedan *destinados* a conferir gracia) y una «transignificación» (ahora *simbolizan* a Cristo como el «pan de vida» partido, roto, por nosotros) en la Eucaristía.[70]

C) *El modo de estar* bajo los accidentes de pan y vino es, de acuerdo con la doctrina tradicional, *al modo de la sustancia,*[71] es decir, el Cuerpo de Cristo, aunque vivo e internamente organizado, está bajo los accidentes del pan a la manera como estaba (antes de la transustanciación) la sustancia del pan bajo sus propios accidentes[72] (o sea, prescindiendo de la cantidad y de las propiedades). Por consiguiente, todo el Cuerpo de Cristo está entero bajo la oblea entera, y todo el Cuerpo de Cristo está también entero bajo cada una —aun la mínima observable— de las partículas de la misma oblea, pues éste era el modo como la sustancia del pan estaba allí

70. Este punto de vista encontró la oposición más cerrada en la encíclica «Humani Géneris» de Pío XII, en 1950 (V. Denz. 3891) y, más recientemente, en 1965, en la encíclica «Mysterium Fidei» de Pablo VI. Mons. Carlos Colombo, supuesto «teólogo personal» de Pablo VI, dijo que la transustanciación no significa un cambio «físico», sino «óntico» ¿Qué quiere decir con este término? Sin duda, que el pan y el vino retienen sus respectivas «naturalezas» («physis») o propiedades físico-químicas, pero que ha cambiado su *entidad sustancial*. Este concepto de «sustancia», de raíz aristotélico-tomista, es, para la ciencia moderna, una pura *abstracción*.

71. V. *Summa Theologica* (de Tomás de Aquino), III, q. 76, a. 6.

72. Insistimos en que este concepto de *sustancia,* que comporta la idea de una peculiar *realidad* material independiente y separable —metafísicamente— de las propiedades inherentes al objeto, sólo puede explicarse por una *abstracción* mental, que nada tiene que ver con la realidad ¿Puede un objeto material desarrollar sus propiedades cuando ha cesado de existir la *entidad* real que era el necesario soporte sustancial de tales propiedades? Afirmar que puede permanecer el poder de emborrachar sin vino que emborrache, es lo mismo que afirmar que puede existir una mesa de madera, pero *sin madera.* Con todo, téngase en cuenta que nuestros reparos al «dogma» de la transustanciación no surgen de razones filosóficas, sino bíblicas, como diremos en la lección siguiente

antes de la consagración.[73] Por tanto, si se parte la oblea (vulgarmente llamada «hostia», que en latín significa «víctima ofrecida al enemigo»), el Cuerpo de Cristo queda entero, sin partir, en cada uno de los fragmentos resultantes. Y lo mismo ha de decirse del vino.

D) *Accidentes,* o apariencias, son las propiedades que pueden percibirse por medio de los sentidos, como tamaño, figura, color, sabor, etc. Según la filosofía escolástica, la *sustancia* ejerce una doble función respecto de los accidentes: 1) los mantiene en la existencia, ya que los accidentes (como el color) no existen *en sí* mismos; 2) es afectada por ellos, recibiendo formas, modos y propiedades a través de ellos. La sustancia del Cuerpo de Cristo (después de la consagración) *no es afectada* por los accidentes del pan, etc., puesto que, al estar vivo y organizado, el Cuerpo de Cristo conserva sus propios accidentes, pero, en virtud del poder divino, *sustenta en el ser* los accidentes del pan y del vino.

Cuando los accidentes del pan y del vino se transforman bioquímicamente por la digestión, Cristo se ausenta —según Roma— del estómago, y los accidentes siguen el curso correspondiente a las nuevas sustancias originadas en el proceso de la digestión.[74]

---

73. Al distinguir, por ejemplo, entre *sustancia* y *cantidad,* la filosofía tomista arguye que en un kilo de pan hay más *cantidad* de pan que en un gramo, pero no más *sustancia de pan,* ya que la *entidad* sustancial del pan es la misma en un gramo que en un kilo.

74. Por ejemplo, si los accidentes del vino consagrado se transforman (en virtud del ácido acético) en accidentes de vinagre, Cristo desaparece corporalmente de ellos, y aparece en su lugar la sustancia del vinagre a la que corresponden los nuevos accidentes ¿De dónde viene la tal sustancia que antes no existía? Tomás de Aquino ofrece una alternativa de solución posible: o Dios crea la nueva sustancia para la nueva situación, o hace que la *cantidad* (accidente primordial en la filosofía tomista —¡hasta posibilitar el principio de individuación en los seres materiales!—, que sirve de soporte a los demás accidentes) ejerza las funciones propias de la sustancia (alimentar, emborrachar, etc.). La Física moderna tiene por absurdas (con razón) cualquiera de las dos soluciones.

CUESTIONARIO:

1. ¿Cómo se encuentra Jesucristo en la Eucaristía, según la enseñanza del Concilio de Trento? 2. ¿Cómo se hace presente Cristo en la Eucaristía, según Roma? 3. ¿Qué dicen sobre esto las modernas corrientes de la Teología católico-romana? 4. ¿Cómo dice Roma que se encuentra el Cuerpo de Cristo bajo los accidentes de pan? 5. ¿A qué se llama «accidentes»? 6. ¿Qué función desempeña —según Roma— el Cuerpo de Cristo respecto a los accidentes del pan? 7. ¿Qué pasa cuando los accidentes se transforman en el estómago?

LECCION 35.ª EL SACRAMENTO DE LA EUCARISTIA
(EL SIGNO)

En la lección anterior, hemos tratado de la Eucaristía como del lugar en que la Teología de Roma pretende que Cristo se halla presente. Ahora vamos a tratar de ella como del signo sacramental con sus particulares propiedades.

1. Base bíblica

La Teología de Roma interpreta en su sentido literal *material* las palabras de la institución de la Cena del Señor (Mateo 26:26-29; Marcos 14:22-25; Lucas 22:19-20; 1.ª Corintios 11:23-26), diciendo que ellas (lo mismo que Juan 6:51-58, que dicen ser el anuncio anticipado de la institución) demuestran la presencia real de Cristo en la Eucaristía, así como la transustanciación.[75]

---

75. Sobre Juan 6, los teólogos romanos (V. M. Fernández, *¿Tu Camino de Damasco?* pp. 63-67) arguyen: 1) que dichos versos no permiten una interpretación metafórica, la cual, para un judío, significaría «perseguir a muerte a alguien»; 2) que Jesús no rectificó, incluso ante la violenta reacción de sus oyentes. Respondemos: 1') entre el sentido *literal* y el *metafórico* a que Fernández se refiere, hay un tercero, el *simbólico* de *asimilar a Cristo por la fe*, único que el texto permite (compár. los vers. 37, 47 y 54); 2') Jesucristo rectificó en el vers. 63 la mala interpretación de sus palabras, al decir «El espíritu es el que da vida; la carne para nada aprovecha...». En cuanto a las palabras de la institución, el mismo autor dice: a) las frases sólo se pueden entender en su sentido obvio y literal; b) los Apóstoles tendían a interpretar las cosas al pie de la letra; c) la Iglesia las entendió, hasta la Reforma, en su sentido obvio (o.c., pp. 67-71). Respondemos: a') La insistencia de Pablo al hablar de «pan» y «copa» y sus referencias a la función conmemorativa

2. Elementos

A) *Materia:* Pan de trigo y vino de vid. El pan puede ser ácimo o fermentado; en Oriente se ha usado siempre fermentado, mientras en Occidente se usaban obleas de pan sin fermentar, pero ya se va introduciendo también en Occidente el pan fermentado. Está mandado que las hostias que se guardan en el sagrario para dar la comunión fuera de la Misa, se renueven con frecuencia (al menos, cada semana) para evitar el peligro de que su estado natural se deteriore con el tiempo.

B) *Forma:* Las palabras de la consagración («Esto es mi Cuerpo… Esto es mi Sangre…») en la Misa. El «Catecismo Holandés» hace la afirmación revolucionaria de que «no es importante el repetir con exactitud las palabras de Cristo».[76]

(1 Cor. 11:26) y mística (1 Cor. 10:16,17) de la Cena del Señor, excluyen todo sentido literal respecto a una presencia corporal (¡y sacrificial!) de Cristo allí; b') imaginar que los Apóstoles entendieron las palabras de Jesús en sentido literal nos parece efecto de un prejuicio teológico. El hecho de que nada objetaran en virtud de una interpretación literal, sólo demuestra que los Apóstoles estaban familiarizados con el sentido simbólico del partimiento del pan y del ofrecimiento de la copa en prenda de amistad íntima, despedida, pacto, etc. Además, ya comprendían ahora lo que significaba «comer la carne» y «beber la sangre» por Juan 6:63. c') Finalmente, decir, sin más, que la Iglesia admitió constante y unánimemente dichas frases en un sentido literal, significa ignorar la Historia de los dogmas que muestra la no-unanimidad de los «Padres» antiguos (V. Rouet, 337, 343, 504, 509, 1424, 1566). Tal doctrina fue sancionada por 1.ª vez en el Concilio Romano (local) de 1059, e impuesta como creencia obligatoria universal, el año 1208, bajo Inocencio III. Es digno de notarse que el propio S. Agustín de Hipona, al comentar Juan 6:53-54, observó que, cuando el sentido literal implicaría algo evidentemente antibíblico, como es *el beber la sangre,* ha de entenderse *simbólicamente.* Hay además pruebas bíblicas directas, como Juan 16:7; Hech. 1:11; Hebr. 9:24-27; 10:19-20, que muestran claramente que el Cuerpo de Cristo está solamente en el Cielo hasta que vuelva de nuevo, pues los caps. 9 y 10 de Hebreos no dejan lugar a dudas de que el «Santísimo», el «Tabernáculo» y el «Sagrario» se encuentran en los Cielos.

76. P. 333 de la edición inglesa. En las iglesias orientales, las palabras de la consagración no son propiamente las fórmulas «Esto es mi Cuerpo… Esto es mi Sangre», sino la oración de la *epíclesis* en que se invoca al Espíritu Santo para que descienda y santifique los elementos que se ofrecen en la Misa.

Sin embargo, la enseñanza tradicional de la Iglesia de Roma ha sido siempre que las palabras de la fórmula deben pronunciarse con exactitud y simultáneamente a la aplicación de la materia.

C) *Ministro* es solamente un sacerdote válidamente ordenado. Los diáconos pueden dar la comunión, como ministros ordinarios, pero no pueden consagrar válidamente. En caso de necesidad, cualquier feligrés puede dar la comunión a otros y a sí mismo. Después del Vaticano II, se concede ya normalmente, no sólo en casos de ausencia de un sacerdote, sino también en casos de aglomeración, el que simples fieles puedan distribuir la comunión.

D) *Sujeto:* Sólo los bautizados pueden recibir este sacramento *válidamente.* Sólo quienes se consideran en estado de gracia, pueden recibirlo *fructuosamente.*

3. Necesidad de la Eucaristía

Según la opinión más corriente en los Manuales de Teología católico-romana, este sacramento no es necesario con necesidad *de medio,* sino como algo *preceptuado* por Cristo. En cuanto a la frecuencia, la Iglesia manda, bajo pecado «mortal» recibir este sacramento en caso de grave enfermedad, y el Concilio IV de Letrán ordenó, bajo pena implícita de excomunión,[77] que «todo creyente, varón o mujer, después de llegar a la edad de discreción,[78] debe confesar, al menos una vez al año, todos los pecados privadamente a su propio sacerdote y recibir reverentemente, al menos por Pascua, el sacramento de la Eucaristía» (Denz. 812).

77. «De lo contrario —dice el Lateranense IV— a la tal persona se le debe prohibir, mientras viva, el entrar en la iglesia, y, cuando muera, el tener un funeral cristiano.» (Estas frases implican una excomunión en el grado más severo.)
78. Según el Código de D. C., las leyes de la Iglesia comienzan a obligar a los 7 años de edad, con la única excepción de la confesión y comunión anuales, que son obligatorias al adquirir el uso de la razón, aunque esto suceda antes de cumplir los siete años.

Algunos teólogos dicen que la Eucaristía es necesaria, al menos con *deseo implícito*, con necesidad de *medio* para salvarse.[79] Otros dicen que es necesaria como *medio para perseverar* en la gracia «santificante». Pío X exhortó a comulgar con frecuencia, incluso diariamente.

4. Efectos de la Eucaristía

Según los Manuales de Teología Romana, son los siguientes:

A) Alimentación espiritual.

B) Más íntima unión con Cristo, Cabeza invisible de la Iglesia.

C) Más íntima unión con los demás fieles: es el «sacramento de la unidad».[80]

D) Defensa contra las tentaciones y pecados «mortales».

E) Perdón de los «veniales», al excitar el fervor de la caridad.[81]

F) Un sello del Espíritu para la resurrección del cuerpo (Juan 6:54).

---

79. Estos teólogos consideran demasiado universal el mandato de Jesús en Jn. 6:53, como para que pueda entenderse de una mera necesidad de precepto.

80. V. el Vaticano II, *Const. Dogm. sobre la Iglesia*, p.º 28. El *Decreto sobre el Ecumenismo*, del mismo Concilio, en su p.º 22 dice acerca de los «hermanos separados», que «no han conservado la genuina e íntegra sustancia del Misterio eucarístico». Aunque, en palabras del Cardenal Bea, «tenemos en común el Bautismo y otras cosas como la Palabra de Dios», el Vaticano II, en su *Decreto sobre las Iglesias Orientales Católicas*, dice que «está prohibida por ley divina la comunicación en las cosas sagradas que ofenda la unidad de la Iglesia» (p.º 26). aunque permite intercambiar con los orientales separados la administración de la Penitencia, Eucaristía y Unción de los enfermos» (p.º 27), mas no con los «Protestantes».

81. Según Roma, el pecado «mortal» expulsa la gracia «santificante», pero el «venial» no la afecta en nada, sino que enfría el fervor de la caridad. De ahí que la Eucaristía favorece el perdón de los pecados «veniales» al «calentar».

5. La comunión bajo las dos especies

En los primeros siglos de la Iglesia, se observó el precepto del Señor de comulgar *todos* con ambos elementos, pan y vino. En la Edad Media, el cáliz o copa fue sustraído a los seglares, bajo varios pretextos (peligro de contagio, de borrachera, etc.), añadiendo el año 1415 el Concilio de Constanza que «el cuerpo entero y la sangre de Cristo se contienen verdaderamente tanto bajo la especie de pan como bajo la especie de vino» (Denz. 1199). Se invoca 1.ª Corintios 11:27, según el cual, a la conjunción disyuntiva «o» del primer miembro, corresponde la conjunción copulativa «y» en el segundo.[82]

Es curiosa la coincidencia de este hecho de sustraer el cáliz al pueblo con el crecimiento del poder sacerdotal y el establecimiento de una mayor separación entre *clérigos* y *laicos;* es el tiempo en que comienza a decirse la Misa de espaldas al pueblo, proliferan las Misas «privadas» y el celebrante comulga con una hostia mucho mayor que las distribuidas a los seglares.

El Vaticano II, en su *Constitución sobre la sagrada liturgia,* p.º 55, dice que «la comunión bajo ambas especies puede concederse en los casos que la Sede Apostólica[83] determine, tanto a los clérigos y religiosos como a los laicos, a juicio de los Obispos, como por ejemplo: a los ordenandos, en la Misa de su sagrada ordenación;[84] a los profesos, en la

---

82. Este es un pobre recurso gramatical, pues Pablo sólo quería enfatizar el pecado de acercarse a la Mesa del Señor de una manera indigna, sin preocuparse de exquisiteces sintácticas. Por otra parte, la *Authorised Version,* quizás para oponerse mejor a este argumento gramatical de la Teología católica, ha traducido incorrectamente «y» en lugar de «o» en el primer miembro del versículo.

83. Por este nombre se designa no solamente al Papa sino también a la Curia Romana, cuando hace una declaración de vigencia general *con la aprobación del Papa.*

84. Se entiende, en la ordenación de subdiáconos y diáconos, puesto que en la ordenación de presbíteros, éstos concelebran con el Obispo y, por tanto, es obvio que han de comulgar, como siempre se ha hecho, bajo ambas especies.

Misa de su profesión religiosa; a los neófitos, en la Misa que sigue al Bautismo». En muchos lugares, el cáliz se da también a los que contraen matrimonio, en la Misa que sigue a la ceremonia de casamiento.

CUESTIONARIO:

1. ¿Qué textos emplea la Teología católica tradicional, y qué interpretación les da, para demostrar el «dogma» de la presencia real de Jesús en la Eucaristía? 2. ¿Qué objetamos nosotros a tal interpretación? 3. ¿Cuáles son la materia, forma, ministro y sujeto de este «sacramento»? 4. ¿Cómo es necesaria la recepción de la Eucaristía, según la Teología de Roma? 5. ¿Cuáles dicen ser los efectos de la Eucaristía? 6. ¿Cuál es la práctica tanto antigua como medieval y moderna de la Iglesia de Roma respecto a la comunión bajo ambas especies?

LECCION 36.ª EL SACRIFICIO DE LA MISA
(HISTORIA)

Según la Teología Romana, la Eucaristía es una presencia de Cristo, un sacramento y un sacrificio. De ahí que los Manuales solían dividir este tratado en tres partes. Hemos examinado en las lecciones 34.ª y 35.ª los dos primeros aspectos. Vamos a tratar el tercero en la presente lección y en la siguiente. No se debe ignorar que, en la Iglesia católico-romana, la Misa es el verdadero centro del Dogma, de la Liturgia y de la piedad. Vamos a resumir la historia de este dogma, dividiéndola en tres períodos: antes, en, y después de Trento.

1. Antes de Trento

Es en los escritos de Cipriano († hacia 258) donde encontramos por primera vez términos como «altar», «sacrificio», «sacerdocio ministerial», en relación con la Eucaristía, juntamente con el creciente poder del Episcopado. Sin embargo, ya se encuentran en Ireneo († hacia 202) algunas expresiones que parecen indicar que, en la Eucaristía, no sólo se *recibe* algo, sino que también se *ofrece* a Dios algo.

A lo largo de la Edad Media, va incrementándose el carácter sacrificial de la Eucaristía, se introduce el término «Misa» y se establecen los diversos ritos o modos peculiares litúrgicos de celebrarla, como el rito romano, bizantino, ambrosiano, mozárabe, etc. También van introduciéndose ciertas extremas desviaciones litúrgicas que ya hemos mencionado en el p.º 5 de la lección anterior y que el Vaticano II ha tratado de corregir, aunque dejando intacta la doctrina del Concilio de Trento sobre la Misa.

2. Las definiciones de Trento

El Concilio de Trento definió que «si alguno dijere que en la Misa no se ofrece a Dios un sacrificio propio y verdadero, o que el ofrecerse no es otra cosa que el dársenos Cristo como comida, sea anatema» (Denz. 1751). Según el Tridentino, la Misa es conmemoración, representación y aplicación del Calvario, de tal manera que el mismo Cristo que se ofreció a sí mismo en el Calvario de un modo cruento, se ofrece también en la Misa de un modo incruento por manos de los sacerdotes. Esta es la razón por la que la Misa es un sacrificio propiciatorio, lo mismo que el Calvario. Así que puede ofrecerse legítimamente por vivos y difuntos, de acuerdo con la Tradición Apostólica (V. Denzinger, 1740, 1743 y 1753.[85]

3. Después de Trento

Desde Trento, los teólogos católicos han intentado explicar de qué manera la Misa es una «re-presentación» de la Cruz y en qué consiste su carácter sacrificial. Las tendencias básicas, que se subdividen en muchas otras, son tres:

---

85. Nosotros objetamos, a base de Hebr. 10:12, que Jesucristo no puede volver a ofrecerse en manera alguna. El simbolismo es muy expresivo: «Cristo, habiendo ofrecido una vez para siempre un solo sacrificio por los pecados, *se ha sentado* a la diestra de Dios». Este acto de *sentarse* significa que el sacrificio expiatorio se acabó para siempre, puesto que el sacrificante estaba *de pie*. Cristo continúa su función intercesora (Hebr. 7:25; 1 Jn. 2:1), no en la actitud orante (de pie) sino regia (sentado). Por otra parte, Hebr. 1:3; 9:28; 10:10,14,17 dejan bien claro que la purificación de nuestros pecados en el sacrificio de la Cruz ha sido *perfecta*.

A) La primera tendencia ve en la Misa una nueva *inmolación,* virtual o mística, de Cristo. Belarmino, Suárez, Lugo, Lesio dieron diversas explicaciones de inmolación virtualmente destructiva de la víctima, pero fue el cardenal Billot quien habló de una inmolación *mística,* en la cual el acto interno del sacrificio se expresa simbólicamente en la Misa mediante las apariencias de muerte, indicada por la separación de las especies de pan y de vino, ya que esta separación es el signo sacramental de la separación de la Sangre de Cristo de su Cuerpo en el sacrificio de la Cruz. Pío XII, en su encíclica *Mediator Dei* de 1947, pareció dar la razón a la teoría de Billot (V. Denzinger, 3847, 3848).

B) Una segunda tendencia, basándose en que la oblación, no la inmolación, es la verdadera esencia del sacrificio, intentó encontrar en la Misa una nueva *oblación,* ya a) por la oblación en el altar, en condiciones terrenales de espacio y tiempo, del mismo sacrificio que Cristo está ofreciendo perpetuamente en el Cielo (Lépin, Thalhofer), ya b) por la repetición de la oblación ritual hecha por Cristo en la última Cena en conexión con la inmolación del Calvario, de modo que, mientras el sacrificio de la Cruz, *ofrecido por Cristo,* consistió en la oblación de la última Cena juntamente con la inmolación *que iba a tener lugar* en el Calvario, el sacrificio de la Misa, *ofrecido por la Iglesia,* consiste en la nueva oblación que la Iglesia hace del Cristo *que una vez se inmoló en la Cruz* (De la Taille).

C) Recientemente, se han ido abriendo camino otras teorías que, al hablar de la Misa, evitan la expresión de «nuevo sacrificio», negando que haya necesidad de una nueva inmolación o de una nueva oblación, y afirmando que la Misa es únicamente una nueva *presentación* del único sacrificio de la Cruz, de un modo misterioso que trasciende todo tiempo y espacio («meta-histórico» o «meta-temporal»), en cada altar donde se celebra la Misa (O. Casel). Otros, a la inversa, dicen que, mediante la Misa, nos hacemos presentes, misteriosamente, en el Calvario.

El Vaticano II repite las afirmaciones de Trento, pero

tratando de identificaı el sacrificio de la Cruz con el de la Misa: «La obra de nuestra redención se efectúa cuantas veces se celebra en el altar el sacrificio de la cruz»[86] «Nuestro Salvador, en la última cena... instituyó el sacrificio eucarístico de su cuerpo y sangre, con el cual iba a perpetuar por los siglos, hasta su vuelta, el sacrificio de la cruz y a confiar así a su Esposa, la Iglesia, el memorial de su muerte y resurrección».[87]

La «Nueva Teología» trata de presentar la Misa principalmente como un *memorial*. El «Catecismo Holandés» dice: «En la última Cena, Jesús hizo ya presente el sacrificio de su vida... Fue un memorial que hizo ya realmente presente en el símbolo la muerte en la Cruz. El pan partido era el cuerpo roto de Jesús. Y cada vez que la Iglesia hace esto, proclamando así la muerte de Jesús, el único sacrificio de Jesús está allí en la Iglesia».[88]

CUESTIONARIO:

1. ¿Cuáles son los tres aspectos de la Eucaristía en la Iglesia de Roma? 2. ¿Cuándo y cómo empezó en la Iglesia la idea de «sacrificio eucarístico»? 3. ¿Cómo se desarrolló esta idea durante la Edad Media? 4. ¿Qué definió el Concilio de Trento acerca de esto? 5. ¿Cuáles han sido las principales tendencias que han intentado explicar el carácter sacrificial de la Misa? 6. ¿Cómo se han expresado el Vaticano II y los modernos teólogos en esta materia?

---

86. *Constitución Dogmática sobre la Iglesia*, p.º 3.
87. *Constitución sobre la sagrada liturgia*, p.º 47.
88. P. 333 de la edición inglesa (V. también pp. 332-344). Esta misma palabra *memorial* es un término clave en el libro del monje de Taizé, Max Thurian, *Eucharistie*. También la Iglesia Anglicana ha introducido en su nuevo ritual para la Comunión, entre otras reformas, esta idea del *memorial*. El término parecerá a muchos como un cambio insignificante, pero el Nuevo Testamento (V. 1 Cor. 11:24,25, así como Luc. 22:19) emplea el vocablo «anámnesis» = recuerdo, con el que se enfatiza el papel de la *fe sola* como medio de mirar atrás, hacia el Calvario, mientras que el término grie« «mnemósynon = memorial, expresa el concepto de *algo externo*, sacralizado, que obra en virtud del mismo rito, sin olvidar el sentido sacrificial que el término «memorial» comporta.

LECCION 37.ª EL SACRIFICIO DE LA MISA (NATURALEZA)

1. Elementos

Según Roma, hay en el sacrificio de la Misa cuatro elementos o aspectos:

A) El primer elemento o aspecto, como en todo sacrificio, es la *adoración* o culto a Dios; de ahí que la Misa es un sacrificio *latréutico*.

B) El segundo aspecto es la *acción de gracias;* de ahí que la Misa es un sacrificio *eucarístico*.

C) El tercer aspecto es la *propiciación*. Es decir, la Misa es un sacrificio *propiciatorio,* porque, al renovar y aplicar la expiación del Calvario, aplaca de nuevo la ira de Dios, lo vuelve *propicio*. Así, mediante la Misa, los méritos y satisfacciones de Jesús en la Cruz se aplican «no sólo por los pecados, penas, satisfacciones y otras necesidades de los fieles vivos, sino también por los difuntos en Cristo, que no han sido purificados del todo».[89]

D) El cuarto aspecto es la *impetración*. Mediante la Misa, se *impetran* (es decir, se consiguen mediante súplica) de Dios nuevos beneficios y bendiciones de todo orden.

---

89. Así se expresa el Tridentino (V. Denz. 1743). Fue contra este aspecto, contra el que los Reformadores se pronunciaron con más energía, pues estaban persuadidos de que no estaba fundado en la Escritura (V. Hebr. 1:3; 9:28; 10:12 ss.).

2. Frutos

La suma de beneficios derivados de la Misa se divide en tres porciones:

A') El fruto *general,* del que participan en alguna medida todos los miembros de la Iglesia; los que poseen la gracia «santificante», en mucha mayor medida que los que están en pecado; los que asisten a la Misa, más que los ausentes.

B') El fruto *especial* (el más importante), del cual participan sólo aquellos por quienes el celebrante ofrece la Misa en particular. El celebrante está autorizado a percibir cierta cantidad de dinero, en calidad de «estipendio», por la aplicación de este fruto *especial* a una determinada persona o grupo.[90]

C') El fruto *especialísimo,* del que participa en exclusiva el celebrante.

3. Algunos detalles de especial dificultad

A') Hay una cuestión difícil de resolver, al tratar de los frutos de la Misa: Si la Misa —según la Teología católica— tiene el mismo valor que el sacrificio de la Cruz, ¿por qué no es suficiente el aplicar una Misa para todos los que lo necesiten o, al menos, una Misa diaria por todos los pecados y necesidades del mundo? Las respuestas tradiciona-

---

90. El Código de D. C. exhorta a los sacerdotes a realizar gratis los servicios religiosos, en los casos de extrema pobreza. Hasta hace pocos años, la mayoría de ellos se resistían a celebrar gratis Misas y funerales, primero porque argüían que quien podía pagar un ataúd decente, también podía pagar un estipendio que costaba mucho menos; por otra parte, los sacerdotes generosos eran a veces acusados de dejar malparados a los compañeros sucesores que querían hacer valer «sus derechos». Gracias a Dios, van siendo muchos los clérigos a quienes molesta esta clase de lucro, e incluso han desaparecido en algunas diócesis los aranceles que tasaban los distintos precios que habían de pagarse por las diferentes clases de funerales, bautizos y bodas, etc.

les de los Manuales de Teología han sido francamente insuficientes: a) algunos han dicho que, al tratarse de la *aplicación* del efecto propiciatorio del Calvario, aunque éste sea de valor infinito, el ser humano es limitado, incapaz de recibir un acto infinito. Podemos replicar: por el hecho de que un pequeño vaso de cristal sea incapaz de recibir el agua del océano, ¿necesitaremos muchos océanos para llenarlo? b) Otros dicen que nadie posee una disposición tan perfecta como para recibir de una vez todo el fruto de una Misa. Respondemos: ¿no están ya perfectamente dispuestas —según Roma— las almas del Purgatorio? ¿Por qué no basta una Misa para todas? c) Otros finalmente aventuran la opinión de que el fruto de cada Misa ha podido ser limitado por ordenación divina.[91] ¿Necesita esto réplica? ¿Qué imagen de Dios nos presenta esta opinión? d) Recientemente, P. Fannon,[92] prescindiendo de divisiones de «frutos» y de distinciones entre «actos primeros» y «segundos», presenta la Eucaristía en un sentido netamente «eclesiológico», y, tras citar a K. Rahner, viene a decir que cada Misa y cada comunión significa una progresiva incorporación a Cristo y a su actividad salvífica, al mismo tiempo que una más profunda incorporación dentro de la Iglesia como agencia de salvación.

B") El principio teológico en que se basa el cobro del estipendio de cada Misa es que «el que sirve al altar, debe vivir del altar» (1.ª Corintios 9:13). Es curioso que se haga referencia a este pasaje de Pablo, cuando él alude aquí claramente al sacerdocio levítico del A. Testamento, mientras que, en el vers. siguiente habla del derecho que tienen los predicadores del Evangelio a vivir, no del altar, sino «del Evangelio», según ordenó el Señor (V. Mateo 10:10; Lucas 10:7).

C") Parece que van desapareciendo de las esquelas de defunción los anuncios de las «Misas gregorianas», que han gozado de especial favor entre quienes poseían suficiente dinero para afrontar el estipendio «especial» que por ellas se

91. V. L. Ott, *Fundamentals of Catholic Dogma,* p. 415.
92. En *La Faz Cambiante de la Teología,* pp. 89-90.

exigía. Había una leyenda que remontaba su fundación a Gregorio I y se decía que, aplicando el fruto *especial* de la Misa a un alma del Purgatorio durante 30 días consecutivos, dicha alma salía del Purgatorio inmediatamente después de la celebración de la Misa 30.ª Creemos que el pueblo debía haber sido informado acerca de la pobre base teológica de tal leyenda.

D") Ya hemos aludido anteriormente a los cambios litúrgicos introducidos, sobre todo, a partir del Vaticano II. Se exige una participación más activa de los asistentes al culto; las lenguas vernáculas se abren paso en la liturgia; los servicios se realizan de cara al pueblo. Los evangélicos no debemos olvidar que estos cambios en nada afectan al centro dogmático, que sigue el mismo, ya que las enseñanzas del Tridentino sobre el «sacrificio» de la Misa siguen en pie.

E") Como mera información, añadiremos que, excepto en caso de necesidad (o sea, cuando no se podía disponer de verdadero «altar»), la Misa debe decirse según el Código de Derecho Canónico, sobre un altar de una sola piedra, unido al pavimento por columnas también de piedra; o, al menos, sobre un altar de cualquier material y condición, con tal que el pan y el vino consagrados descansen sobre una losa de piedra o mármol (un cuadrado de un pie de lado y una o dos pulgadas de grosor), con un orificio en medio, conteniendo «reliquias» de uno o más mártires canonizados, para significar que la Iglesia sufriente está unida a su sufriente Salvador en la más sagrada representación del sacrificio de la Cruz.[93]

---

93. Quizá la liturgia romana intenta dar expresión material a una peculiar interpretación de Apoc. 6:9, que nos habla de la visión de Juan: «vi bajo el altar las almas de los que habían sido matados por causa de la palabra de Dios». El simbolismo de este pasaje se descifra a base de Lev. 4:7; 17:11.

CUESTIONARIO:

1. ¿Cuáles son los elementos o aspectos del sacrificio de la Misa, según la Teología Romana? 2. ¿Cuáles son los frutos de tal sacrificio y cómo se aplican? 3. ¿Qué problema presenta la repetición de un «sacrificio de valor infinito», como dicen que es la Misa, y cómo tratan de resolverlo los teólogos católicos? 4. ¿En qué texto bíblico suele apoyarse la legitimidad del llamado «estipendio» de la Misa? 5. ¿A qué se llama «Misas gregorianas»? 6. ¿Cuáles son los cambios litúrgicos más recientes, y cuál es su importancia desde el punto de vista evangélico? 7. ¿Sobre qué clase de altar ha de celebrarse la Misa, según el Derecho Canónico?

LECCION 38.ª LA EXTREMA UNCION Y EL ORDEN

1. La Extrema Unción o Unción de los enfermos

A) *Elementos:* a) La *materia* es óleo consagrado por el Obispo, especialmente para ungir a los enfermos. El sacerdote unge los párpados, los lóbulos de las orejas, la punta de la nariz, los labios, las palmas de las manos[94] y los pies. En caso de urgencia, por falta de tiempo o porque el sujeto está ya (aparentemente) muerto, el sacerdote unge sólo la frente y omite las palabras de la forma después de «faltado». b) La *forma* es: «Por esta santa unción y por su piadosísima misericordia, te perdone Dios cuanto has faltado con tu vista (oído, olfato, gusto y locución, manos, pies)». c) El *ministro* es sólo el sacerdote. En la Iglesia Oriental, varios sacerdotes intervienen (interpretando en este sentido el plural de Santiago 5:14), ungiendo cada uno un miembro distinto del cuerpo del sujeto. d) El *sujeto* es toda persona bautizada, en grave peligro de muerte por cualquier causa.[95] Siendo sacramento de *vivos,* presupone el estado de gracia y, por tanto, la confesión y, normalmente, la comunión por modo de «viático».[96] Pero si el sujeto está inconsciente, puede perdonar también los pecados «mortales» (supuesta, al menos,

---

94. A los sacerdotes se les unge en el revés de las manos, porque las palmas fueron ungidas ya el día de su ordenación con «crisma».

95. Hasta hace poco, el peligro de muerte había de derivar de enfermedad ya existente. Ahora puede recibirse también antes de una grave operación o de ejecución de la pena capital.

96. Se llama así a la comunión que se da antes de morir, pues dicho término significa que se da como alimento para el último viaje («viáticum») para la eternidad.

cierta atrición habitual); en este caso, se supone a la Extrema Unción como necesaria con necesidad de medio.[97]

B) *Efectos:* a') Alivio de alma y cuerpo, para que el sujeto se sienta más sosegado en su interior y más fuerte para afrontar las últimas tentaciones que el demonio ha de presentar en esta hora decisiva.[98] b') Aumento de gracia «santificante», como todo sacramento de *vivos*. (c') Perdón de las llamadas *reliquiae peccatorum* o especie de «resaca» que —según dicen— dejan los hábitos de pecar y la natural inclinación al mal. Sin embargo, no borra de por sí la pena *temporal*. Así este «sacramento» no libra a una persona de ir al Purgatorio.

C) *Base bíblica.* El Concilio de Trento encontró en Santiago 5:14-16 (V. Denz. 1716, 1719) la base bíblica para este «sacramento», interpretando «ancianos» por «sacerdotes», «ungir con aceite» por un signo sacramental, «la oración de la fe» por la forma del sacramento,[99] y la «salvación» y el «perdón» como efectos sacramentales.

2. El Orden

El «sacramento» del *Orden* o *Sagradas Ordenes* tiene, como dice Tomás de Aquino, una estrecha relación con la Eucaristía y con la Iglesia, o sea, con el cuerpo físico y con

---

97. La Teología Romana enfatiza que este sacramento ha podido salvar a millones de personas, siendo tantos los católicos que mueren sin recibir la absolución sacramental, ya por fallecer de accidente, ya porque los parientes del enfermo esperan a última hora, cuando el sujeto está ya inconsciente, para que no se asuste con la llegada del sacerdote.

98. No olvidemos que, según el Tridentino, la gracia puede perderse por cualquier pecado «mortal» ¡Un solo pensamiento puede, así, llevar al infierno en la última hora, tras una vida llena de méritos y virtudes!

99. Este pasaje alude a una costumbre de la época, ahora obsoleta (Mat. 6:13). El énfasis cae sobre «la oración de la fe» (V. Mat. 9:2) como poder curativo, y el perdón de pecados mutuamente confesados (vv. 16-17). No puede probarse que éste constituyese «un rito simbólico instituido por Cristo a perpetuidad».

el cuerpo místico de Cristo. Según el mayor o menor poder que confiere respecto a esos dos cuerpos, admite diferentes *grados;* tiene, además, sus respectivos *elementos,* como todo otro «sacramento».

A) *Grados:* a) Un candidato al sacerdocio queda hecho *clérigo* mediante la *tonsura.* En una peculiar ceremonia, el Obispo corta un mechoncito de pelos de junto a la frente y otro de la coronilla, leyendo a la vez el salmo 16. El candidato repite con el Obispo el vers. 5: «El Señor es la parte de mi heredad...» La palabra «herencia» o «heredad» es la que el griego original del Nuevo Testamento vierte por «klerós», de donde viene *clérigo.*[100] b) Después vienen las órdenes llamadas *menores:* 1) «ostiario» (encargado de abrir y cerrar las puertas); 2) «exorcista» (título nominal, pues sólo el Obispo puede realizar, o autorizar para hacer, un exorcismo; 3) «lector» de las lecturas litúrgicas, exceptuando la Epístola y el Evangelio en la Misa; 4) «acólito», o ministro inferior de las funciones litúrgicas. c) Finalmente, las tres órdenes *mayores* (o «sagradas»): 1') «subdiácono», cuyo oficio es leer la Epístola y ayudar al diácono en la Misa solemne; 2') «diácono», cuyas facultades, ampliadas ahora por el Vaticano II,[101] son: administrar el bautismo solemne, dar la comunión, bendecir matrimonios, predicar y enseñar al pueblo, administrar sacramentales,[102] y oficiar en funerales. 3') «presbítero» o «sacerdote de 2.º orden», con facultad para administrar todos los sacramentos, excepto la ordenación —a no ser por especial concesión del Derecho Canónico— y la confirmación, a no ser en caso de necesidad. La consagración de un obispo no se supone ser un «orden» especial, pues los Obispos son

---

100. Dos observaciones hemos de hacer a este término: 1) Pedro llama «laós» de donde «laico» a todo el pueblo de Dios», en 1 Ped. 2:9-10, al que en 5:3 llama «klerón» = heredades del Señor; 2) el citado salmo 16 fue escrito y cantado por David, que no era de la tribu de Leví, es decir, de la casta sacerdotal.

101. V. *Const. Dogm. sobre la Iglesia,* p.º 29.

102. Estos son ciertos ritos instituidos por la Iglesia, a los que se atribuye cierto poder sobrenatural, unidos a la plegaria y a la atrición: agua bendita, etc.

llamados, por antonomasia, «*los* sacerdotes de la Iglesia»,[103] o sea, los sujetos autorizados de todos los poderes del sacerdocio *pleno* («sacerdotes de primer orden»).

De todas estas «órdenes», sólo la ordenación de diáconos y presbíteros y la consagración episcopal son «sacramento» (V. Denzinger 3859). Así lo declaró Pío XII en 1947, contra la opinión de Tomás de Aquino que concedía carácter sacramental incluso a las órdenes menores.

B) *Elementos:* a) La *materia* es la imposición de manos del obispo sobre el candidato.[104] b) La *forma* es la fórmula usada respectivamente para cada ordenación.[105] c) El *ministro* de las órdenes «sagradas» es todo obispo válidamente consagrado; d) y el *sujeto* es todo varón bautizado, de manera que la ordenación de una mujer es inválida por ahora.[106] Para una *legítima* ordenación, se exigen otros requisitos: edad conveniente (21 años para subdiácono, 22 para diácono, 24 para presbítero, 30 para Obispo), ciertos estudios eclesiásticos, carencia de determinados defectos morales y físicos, piedad y «vocación» (la cual implica un llamamiento de Dios, reconocido por el Obispo).[107]

---

103. Con este énfasis en el artículo se expresa el Vaticano II, así como el «Catecismo Holandés» (p. 360 de la edición inglesa).

104. V. Denz. 3858-3859. Con esta autorizada declaración, Pío XII favorecía la opinión del Cardenal holandés Van Rossum, en contra de la mayoría de los teólogos, basados en Tomás de Aquino, cuya opinión había sido recibida por el Concilio de Florencia en 1439. Esto suscitó un problema embarazoso para los teólogos. Algunos lo solucionaron diciendo que el Concilio sólo intentó explicar a los Orientales, que ya admitían la imposición de las manos, la costumbre latina de entrega del cáliz, etc. Modernamente, los teólogos cortan por lo sano, asegurando que el Concilio se equivocó (V. L. Ott, o.c., p. 455).

105. V. Denzinger, 3860.

106. Decimos por ahora, porque cada vez son más numerosas las voces «progresistas» que abogan en favor de la igualdad de oportunidades a este respecto y aun tachan de trasnochado el concepto del Apóstol en 1 Cor. 14:34 y 1 Tim. 2:11-12.

107. V. Código de Derecho Canónico, cáns. 972-991.

3. El celibato eclesiástico

En la Iglesia Oriental, todos los clérigos —excepto los Obispos— pueden casarse *antes* de su ordenación. El celibato es obligatorio para todos los clérigos ordenados en la Iglesia Occidental. Se trata de una disposición *eclesiástica* puramente disciplinar. Los que han recibido órdenes *menores* no necesitan dispensa para casarse y cesar así en su condición clerical. Los que han recibido órdenes *mayores* no pueden casarse *válidamente*. Además, todo clérigo ha de emitir voto de castidad perfecta antes de ordenarse de subdiácono, de modo que, si después desea casarse, necesita un «indulto» o dispensa papal para hacerlo, cesando así en el ministerio.[108]

El Vaticano II estableció que el «diaconado podrá ser conferido a varones de edad madura, aunque estén casados, y también a jóvenes idóneos, para quienes debe mantenerse firme la ley del celibato».[109] Recientemente, van proliferando en todas partes, con mayor o menor virulencia, las protestas contra el carácter obligatorio del celibato sacerdotal. Estas protestas van respaldadas, entre muchas otras razones, por la caída vertical que experimentan las vocaciones eclesiásticas, debida casi exclusivamente a la obligatoriedad de dicho celibato. Sin embargo, Pablo VI y la Curia Romana intentan mantenerse firmes en la práctica ya tradicional, lo cual viene a ser, como muchas otras cosas, *una cuestión de prestigio,* ya que se pretende que el celibato confiere una especial pureza sobre el matrimonio. Aunque sea cierto que el celibato confiere una mayor disponibilidad ministerial, también es cierto que dicha disponibilidad deja de ser auténtica cuando no es, en todo momento, *voluntaria*.

---

108. **Pero** nunca se les borra el «carácter» sacramental, ni el poder de administrar válidamente los sacramentos.
109. *Const. Dogm. sobre la Iglesia* p.º 29.

CUESTIONARIO:

1. Cuáles son los elementos de la Extrema Unción? 2. ¿Cuáles son sus efectos? 3. ¿En qué pasaje bíblico basa la Teología católico-romana su enseñanza sobre la sacramentalidad de la Extrema Unción? 4. ¿Cuáles son los grados del «sacramento» del Orden? 5. ¿Cuáles son sus elementos? 6. ¿Cuál es la disciplina vigente sobre el celibato? 7. ¿Qué innovaciones ha introducido el Vaticano II? 8. ¿Cuál es la creciente corriente progresista sobre el celibato?

LECCION 39.ª EL SACRAMENTO DEL MATRIMONIO

1. Sacramentalidad del matrimonio

La Iglesia Romana basa la sacramentalidad del matrimonio en Efesios 5:32, ya que la Vulgata Latina vertió el griego «mystérion» por «sacramentum». Los teólogos modernos, aunque no aceptan esta traducción, sostienen todavía que Efesios 5 presenta el matrimonio cristiano como una «perfecta imagen de la unión de Cristo con la Iglesia, unión que confiere la gracia».[110] En otras palabras, el matrimonio cristiano («en el Señor» —1.ª Corintios 7:39—), hecho indisoluble por mandato de Cristo (1.ª Corintios 7:10), es un símbolo sobrenatural instituido a perpetuidad y productor de gracia y, por consiguiente, un «sacramento».[111]

2. Elementos

A) *Materia:* el mutuo *darse* de los contrayentes, porque el matrimonio —dicen— es esencialmente el mismo *contrato* natural, elevado por Jesucristo a la condición sagrada de sacramento.

B) *Forma:* el mutuo *recibirse* de los contrayentes. Si alguien pone como condición explícita para casarse la inten-

---

110. L. Ott. o.c., p. 461.
111. A esto respondemos que Efes. 5 no presenta el matrimonio como símbolo de la gracia, sino, *al contrario,* presenta el amor de Cristo a Su Iglesia como *modelo* del amor de los maridos a sus esposas.

ción de no tener hijos, tal matrimonio no sería *válido* —según Roma— por ir contra el fin *primario* del «sacramento».

C) *Ministro:* Siendo esencialmente un *contrato,* la Teología Romana admite que los ministros son los mismos contrayentes, siendo el sacerdote (o el diácono, según facultad concedida por el Vaticano II) un *notario* eclesiástico cualificado (del lado eclesial) que *bendice* la unión. Según el Código de Derecho Canónico, si no hay esperanza probable de que, en el plazo de un mes, sea posible la presencia del sacerdote (o del diácono), o una persona gravemente enferma desea legitimar un concubinato, o los hijos habidos, el contrato sacramental puede realizarse *válidamente y legítimamente* ante dos testigos (los cuales siempre son necesarios para la validez del contrato).[111 bis]

D) *Sujeto:* Todo bautizado libre de impedimento. Discuten los teólogos si un bautizado que se casa con un no bautizado, recibe el *sacramento* (el contrato será válido si se ha obtenido la dispensa). Si se responde que sí, entonces el ministro del sacramento que recibe el bautizado sería un no-bautizado.[112]

3. Fines del matrimonio

A) La *procreación.* La previa impotencia física para consumar el matrimonio (no la esterilidad de la esposa) hace inválido el contrato —según Roma—. Según la enseñanza tradicional, este fin ha sido llamado *primario,* pero la moderna doctrina, avalada por el Vaticano II, afirma que el fin primario es «el amor mutuo orientado hacia una paternidad responsable». Pablo VI reafirmó en su encíclica *Humanae Vitae* de 1968, la enseñanza tradicional de los Papas contra el uso de toda clase de anticonceptivos, lo cual provocó una reac-

---

111 bis. Este caso fue frecuente en España en 1936-1939 en el lado republicano.
112. Es un caso semejante al del Bautismo, como explicamos en su lugar.

ción desfavorable en grandes círculos, tanto de seglares como de eclesiásticos. Esta prohibición se basa: a) en Génesis 38:9-10 (el caso de Onán, de donde viene el término «onanismo» aplicado a cualquier práctica anticonceptiva); b) en la tesis de Tomás de Aquino de que Dios ordenó los placeres humanos para fines concretos; así, el placer sexual para la multiplicación de la especie. Por tanto, tomar el placer evitando el fin es «contra natura» y, por tanto, *intrínsecamente* malo. Por eso, Pablo VI no se sintió con derecho a cambiar esta doctrina, tan fuertemente defendida por Pío XI en su *Casti Connubii.*

B)   El mutuo amor y compañía, como mutua ayuda espiritual y natural.

C)   El proveer un remedio contra la concupiscencia de la carne.[113]

Propiedades del matrimonio

A')   *Unidad.* El matrimonio es válido únicamente entre *un* hombre y *una* mujer. Toda forma de poligamia está prohibida en el Nuevo Testamento. Estamos de acuerdo.

B')   *Indisolubilidad.* El Código de Derecho Canónico distingue tres clases de matrimonio: a) *legítimo:* es el contrato natural entre no bautizados, válido de acuerdo con las leyes civiles justas del país. Si uno de los contrayentes se hace cristiano y el otro se ausenta, no consintiendo en una convivencia pacífica (1.ª Corintios 7:15), el matrimonio queda disuelto automáticamente cuando el creyente contrae nuevas nupcias. Pío XI amplió este llamado «privilegio paulino», aplicándolo a alguien que se hizo católico-romano y rompiendo así un contrato legítimamente contraído entre dos «protes-

---

113. Este punto de vista insinúa el concepto, ya aludido, de que el matrimonio es un «estado cristiano *imperfecto*»; algo así como una «fornicación permitida». Esta visión maniquea del matrimonio va desapareciendo de los Manuales de Teología. El francés J. Leclercq, en un libro muy discutido, abrió el camino —dentro de la Iglesia de Roma— hacia una visión más cristiana del matrimonio.

tantes»;[114] b) *rato:* todo matrimonio entre cristianos, antes de la consumación sexual. Según Roma, este matrimonio puede ser disuelto, ya por mutuo consentimiento de los contrayentes, *con dispensa papal,* ya por solemne profesión monástica de uno o de ambos contrayentes; c) *rato y consumado:* es el mismo anterior, después de la consumación sexual; éste sólo puede ser disuelto por la muerte.[115] Desde el siglo III de la Iglesia, los «Padres» y teólogos han intentado cerca de cien maneras de interpretar Mateo 5:32; 19:9 en sentido de que allí no se permite el divorcio vincular de un matrimonio rato y consumado.[116]

5. Impedimentos

El Antiguo Testamento establecía ciertos impedimentos de consanguinidad y afinidad para un legítimo matrimonio, los cuales son observados por las denominaciones evangélicas reformadas. La Iglesia de Roma reclama para el Papa el derecho a imponer impedimentos (tanto a la validez como a la licitud del matrimonio) no contenidos en la Biblia, así como a conceder dispensa de todos los que no son considerados de *derecho natural.* De ordinario, los impedimentos establecidos por el poder civil son considerados vigentes también en el plano eclesial. Los impedimentos son:

A) *dirimentes,* si hacen *inválido* el matrimonio. Tales son, por ejemplo, la impotencia, próxima consanguinidad o

114. Esto implicaba el concepto de que el Catolicismo Romano era la única religión *cristiana.*

115. Durante los tres primeros siglos, los llamados «Padres de la Iglesia» sostenían (como puede verse, por ej. en los escritos de Ireneo de Lión) que el matrimonio cristiano podía ser disuelto de acuerdo con las leyes civiles acerca del adulterio; leyes que permitían «negar la fidelidad al que la había roto».

116. La razón alegada por Tomás de Aquino era que un matrimonio cristiano no consumado era simbolizado por la unión de Cristo con un alma por la *gracia,* la cual puede perderse, mientras que el consumado (por el que los contrayentes se hacen *una carne*) está simbolizado por la indisoluble unión de Cristo con la Iglesia.

afinidad, rapto, miedo grave, votos solemnes, matrimonio atentado con un no-bautizado, sin la debida dispensa;

B) *impedientes*, si lo hacen *ilícito*, pero no inválido. Tales son, por ejemplo, los votos simples, los matrimonios mixtos entre un católico y un cristiano no-católico, etcétera, sin la debida dispensa.

C) *de forma*. Todo matrimonio que no es contraído ante el Ordinario (el Obispo o su Vicario General) o el párroco del lugar, o un sacerdote o diácono autorizado por ellos, es *inválido* según el Código de Derecho Canónico. Esta ley no obliga (por implícita dispensa del Papa, quien —según Roma— tiene jurisdicción sobre todos los bautizados) a los «Protestantes» u «Ortodoxos» que contraen matrimonio entre sí.

6. Los matrimonios mixtos

Por su peculiar importancia, vamos a decir unas breves palabras sobre los matrimonios «mixtos», es decir, por los contraídos entre un católico-romano y un no-católico. Vamos a exponer primero la posición romana y luego la evangélica.

A) *Posición católico-romana*. Roma siempre ha disuadido a sus fieles de contraer tales uniones. En caso de que los novios persistiesen en su propósito, solía conceder la dispensa cuando no se preveía «peligro de perversión» para la parte católica o la prole, con tal que hubiese certeza moral de que se guardarían las siguientes promesas: 1.ª, de la parte no católica, de no intentar «pervertir» a la católica; 2.ª, de ambas partes, de bautizar y criar católicamente a la prole. Además, se advertía a la parte católica de la obligación de hacer lo posible por «convertir» a la parte no católica.[117] Después del Vaticano II, la *Congregación para la Doctrina de la Fe* (antiguamente, el *Santo Oficio,* y antes, *la Inquisición)* promulgó un Documento (18 de marzo de 1966), según el cual sólo la parte católica debe prometer bautizar y educar

---

117. V. Código de D. C. cánones 1060 y 1061.

católicamente a la prole futura, mientras que la no católica debe prometer no impedir el cumplimiento de la obligación grave que tiene la católica tanto de educar católicamente a la prole, como de defender, profesar y guardar su propia fe. Se quita la excomunión de los que se casaban ante ministro acatólico, y se admite que el ministro acatólico pronuncie algunas palabras de consejo y plegaria, pero no que dirija el rito solo o conjuntamente.[118] Finalmente, según recientes dispensas, se admite que la ceremonia sea celebrada en ambos ritos y se exige únicamente que la prole sea educada *de acuerdo con el Evangelio.*

B) *Posición evangélica.* El estudio y la experiencia sobre esta materia nos lleva a las siguientes conclusiones: a) Siendo el elemento religioso el principal vínculo de unión o motivo de discordia entre los contrayentes, todo evangélico debe ser advertido seriamente del peligro que entraña esta clase de matrimonios; b) un evangélico tiene la obligación en conciencia de no claudicar en su fe, de dar testimonio de palabra y conducta, de no permitir que sus hijos reciban enseñanzas antievangélicas; c) si ha llegado a enamorarse de alguien que no es *creyente evangélico* (lo cual ya es peligroso, pero difícil de evitar, especialmente en lugares de escasa minoría evangélica), debe procurar que su posible cónyuge llegue a adoptar una actitud amistosa hacia el Evangelio —con probabilidad de una futura conversión— (en la que la oración y el testimonio pueden ejercer tanta influencia) *antes de pasar al casamiento;* d) si existen por parte del no-creyente tales disposiciones favorables, creemos que no se puede adoptar una línea dura y tajante (a la vista de 1.ª Corintios 7:14 y de muchos casos que nos suministra la experiencia), teniendo también en cuenta que una actitud comprensiva puede allanar el camino a perspectivas más prometedoras.

---

118. V. en *Concilio Vaticano II. Constituciones. Decretos. Declaraciones. Legislación posconciliar. Introducciones históricas y esquemas* (edic. bilingüe, latín y castellano, de la B.A.C.), pp. 979-985.

CUESTIONARIO:

1. ¿En qué pasaje suelen los Manuales de Teología Romana basar su enseñanza acerca de la sacramentalidad del matrimonio? 2. ¿Cuáles son los elementos de este «sacramento»? 3 ¿Cuáles son, según Roma, los fines del matrimonio? 4. ¿Cuáles son las propiedades del matrimonio, según la Teología de Roma? 5. ¿Cuántas clases de matrimonios distinguen, con relación a una posible disolución del vínculo? 6. ¿Qué amplitud alcanza el poder papal, según Roma, en orden a establecer impedimentos al matrimonio y facultad de dispensar de los mismos? 7. ¿Cuántas clases hay de impedimentos matrimoniales? 8. ¿Cuáles son las posiciones católica y evangélica respecto al problema de los matrimonios mixtos?

Parte quinta

Principios de Teología Moral

LECCION 40.ª PRINCIPIOS GENERALES DE MORAL CATOLICO-ROMANA

1. Un cambio radical de enfoque

La Teología Moral en la Iglesia Romana ha venido dependiendo, durante varios siglos, de la enseñanza contenida en documentos de la jerarquía y, especialmente, de tres grandes moralistas católico-romanos: Tomás de Aquino, que puso gran parte de los principios generales; el cardenal Lugo, agudísimo intérprete de los principios morales en situaciones casuísticas; y Alfonso de Liguori, mejor conocido por Alfonso de Ligorio, canonizado por la Iglesia de Roma, algunas de cuyas enseñanzas «maximalistas» sobre la Virgen María ya conocemos.

Hasta hace pocos años, la Moral católica era un sistema muy complicado y extremadamente detallado de normas y reglas, aplicables a cualquier problema doctrinal y a cualquier situación moral, constituyendo un cuerpo compacto de doctrina y de casuística, dirigido especialmente a los sacerdotes que habían de sentarse en el confesionario y juzgar de cada caso moral en el llamado «Tribunal de la Penitencia». Como las ideas-tipo de Platón o las razones «específicas» de Aristóteles, todo estaba ya minuciosamente establecido en sus principios y era objeto de aplicación estricta.

Pero en este campo, como en el de la Teología Dogmática, se están llevando a cabo grandes cambios. Estos cambios toman dos direcciones distintas: A) algunos moralistas de los años cincuenta, entre los que destaca B. Häring con su obra

«La Ley de Cristo»,[1] tratan de presentar la Moral en un contexto más bíblico que jurídico, abandonando las prefabricadas respuestas de la casuística, e insistiendo en el amor como clave de la Moral cristiana; B) los más progresistas, bajo la influencia del Existencialismo, se adhieren a la llamada «moral de situación», según la cual todo cristiano debe decidir por sí mismo en la mayoría de los casos particulares cómo ha de comportarse, liberándose de las rígidas normas de la moral general.[2]

Dentro de los límites del presente volumen, hemos de limitarnos a la exposición de algunos pocos principios generales y unos pocos principios más particulares, remitiendo al lector a las dos obras citadas en las notas 1 y 2.

2. El «probabilismo»

El «probabilismo», sistema moral en cuya imposición cupo a Ligorio una gran parte, es el método adoptado comúnmente en la Iglesia de Roma durante los dos últimos siglos (1750-1950) para solucionar casos en que la Ley parecía coartar demasiado la libertad humana. Este sistema permitía seguir una opinión que favoreciese a la libertad frente a la Ley *positiva* (divina o humana), con tal que el sujeto estuviese seguro (en sentido de «cierto») de la base de tal opinión, incluso cuando la opinión en favor de la Ley fuese más probable.[3]

Para entender este principio, han de tenerse en cuenta otros dos principios: A) Según la Moral católica, lo que real-

1. Esta obra, valiosa en muchos puntos, consta de dos volúmenes y está editada en Barcelona por la Editorial Herder.
2. Un exponente, más o menos *moderado*, de esta moderna «moral de situación» lo constituye el libro dirigido por Ch. E. Curran, *¿Principios Absolutos en Teología Moral?* (Santander —Sal Terrae— 1970), al que nos referiremos más de una vez.
3. V. H. Jone (trad. y adapt. por U. Adelman, del alemán al inglés), *Moral Theology* (The Newman Press, Westminster, Maryland, USA), p. 45. Por opinión «en favor de la Ley», se entiende el sentido obvio de ésta en su expresión literal.

PRINCIPIOS DE TEOLOGÍA MORAL

mente importa en la conducta humana, no es la bondad o maldad objetiva de la acción, sino la «buena o mala fe» con que se obra, con tal de que el sujeto llegue a estar prácticamente seguro de que puede obrar de tal manera.[4] B) Cuando la legitimidad de una acción se presenta como *dudosa*, se puede seguir una opinión *probable*, en favor o en contra de la Ley, según las circunstancias.[5]

Este principio, ya en sí muy discutible si se le contrasta con la palabra de Dios (V. Romanos 10:2-3), conduce a otro principio que nos parece claramente antibíblico: Cuando una ley resulta «gravemente incómoda», el sujeto se puede dispensar a sí mismo del cumplimiento de dicha ley, con tal de que no se trate de algo necesario para la salvación, o que viole los derechos de un tercero, o que resulte en desprecio de Dios, de la religión o de la Iglesia.[6]

En este aspecto, la Moral católica ha tomado recientemente un espectacular cambio de rumbo. Sin mencionar el «probabilismo», las modernas corrientes relativizan la propia Ley *natural*, acusando a la Moral tradicional de haber perdido contacto con la Dogmática y con la Filosofía, las cuales, por añadidura, se encontraban en pobre estado.[7] Este punto de vista es favorecido por el Vaticano II al reconocer la influencia del progreso cultural, técnico y psicológico en los métodos de comunicación del mensaje y en la ambientación de la libertad.[8] Contra la «moralidad de código», que llevó

4. V. H. Jone, o.c., pp. 40-41. No se puede —dicen— seguir una conciencia *dudosa*, pero, tras la reflexión conveniente, se puede tornar una conciencia *teóricamente dudosa* en *prácticamente cierta*. El principio conductor para este proceso mental es que «una ley dudosa no puede obligar».

5. V. H. Jone, o.c., pp. 44-45. Así, uno puede aceptar hoy un legado proveniente de un testamento informe, y rechazar mañana, por otra razón de conveniencia, la validez de tal testamento.

6. V. H. Jone, o. c., pp. 29-30, 43-46. Un caso de «grave incomodidad» sería para un obrero pobre el rechazar un salario extra por trabajar en domingo.

7. V. Ch. E. Curran, o. c., p. 12. Sería más exacto decir que la Moral había perdido contacto con la Biblia y con la Psicología.

8. V. *Const. Past. sobre la Iglesia en el mundo actual*, pos. 2,7, 44 y 62.

a la absolutización de los principios morales, la «Nueva Moral» se apoya en el Existencialismo y en el mismo «Encarnacionalismo» de la Iglesia para favorecer una «moral de situación».[9] Para ello, se advierte un desmonte de autoridades: tras de atacar la infalibilidad papal,[10] y enfatizar la visión moderna, más «relacional» que sustantiva, de la realidad,[11] se afirma como «verdad fundamental» que existe una fuente de conocimientos éticos al margen de la Biblia,[12] y se insiste, como en un «hecho indiscutible», que la relativización de la Moral tiene cierto precedente en el principio nominalista (paradójicamente sostenido por Tomás de Aquino) de que «todo lo que Dios quiere es bueno».[13]

3. El principio de «doble efecto»

El principio más importante de la Moral católica tradicional es, sin duda, el del «doble efecto», que puede expresarse así: Cuando un acto comporta dos efectos igualmente inmediatos, uno malo y otro bueno, el sujeto puede realizarlo legítimamente, por muy consciente que sea del efecto malo, con tal que su intención vaya directamente al efecto bueno,

---

9. V. Robert H. Springer, en ¿Principios Absolutos en Teología Moral?, pp. 20-21, así como Ch. E. Curran, o.c., 130, quien dice: «La Iglesia dibujada en el Vaticano II es una Iglesia peregrina que no tiene todas las respuestas sino que está continuamente esforzándose por crecer en sabiduría, en edad y en gracia. Por eso los documentos conciliares reflejan una visión más eufórica de la Iglesia, e incluso emplean una metodología históricamente consciente.»

10. V. D. C. Maguire, en la obra citada en la nota anterior, p. 99.

11. V. Ch. E. Curran, o.c., p. 140. El autor distorsiona la analogía, comparando esta «relacionalidad» con «las personas de la Trinidad como relaciones». No puede olvidarse que las personas divinas pueden constituirse «como relaciones», precisamente porque, por implicar el Esse per se Subsistens, al darse totalmente, no se pierden; mientras que la persona humana se diluiría en la nada si su estructura fuese pura «relación».

12. V. Ch. E. Curran, o.c., p. 149.

13. V. J. G. Milhaven, en la misma obra, pp. 155-186; resumen, en p. 183.

y haya un motivo proporcionado para obrar así. Un ejemplo clásico era: una mujer de parto difícil no podía consentir en la muerte del feto para salvar su propia vida, pero podía tomar una medicina para extirpar el tumor ocasionado en las trompas falopianas por una concepción ectópica, aunque esto supusiera conjuntamente la remoción y muerte del feto.[14]

Con este principio estaba conectado otro, llamado «del mal menor», en virtud del cual, se puede exhortar a una persona a cometer algo manifiestamente malo con la intención de evitar que cometa un mal mayor; por ejemplo, se puede emborrachar totalmente a un individuo para impedir que cometa un homicidio; igualmente, un Estado confesional católico puede permitir la prostitución para evitar el aumento del adulterio o de la homosexualidad.[15] También se fundaba en este principio (extirpar la herejía, etc. para bien de la Cristiandad), la legitimación de medidas persecutorias, como las del Tribunal de la Inquisición, las matanzas de las Cruzadas, etcétera.[16]

---

14. La razón es que, en el primer caso, los dos efectos no eran *igualmente inmediatos*, sino que la muerte del feto era realizada para salvar a la madre; por tanto, entraba en juego el principio «no se han de hacer males para que resulten bienes» (en otras palabras: el fin no justifica los medios); en cambio, en el segundo caso, el fin de la medicina era la salud, y los dos efectos eran igualmente inmediatos: la extirpación del tumor era simultánea a la remoción del feto, el cual, por otra parte, no podía sobrevivir ni dentro ni fuera de la madre.

15. V. H. Jone, o.c., pp. 5-6 y 57. Al principio del «mal menor», podríamos replicar con C. H. Spurgeon: «Nunca es honesto hacer un mal pequeño para obtener el mayor bien posible... El deber de Vd. es hacer lo recto; de las consecuencias se encarga Dios» (citado por K. Runia en *Reformation Today*, p. 118).

16. Tomás de Aquino defendía este principio en su *Summa Theologiae*, II.ª q. 11, a. 3, diciendo que si se puede condenar a muerte a un criminal por falsificar moneda, mayor razón había para condenar a muerte a un hereje, siendo cosa mucho más seria el corromper la fe que el falsificar moneda, con la que se sostiene la vida temporal. En Inglaterra, bajo Enrique IV (año 1401), se dio el conocido decreto *De haerético comburendo*, que condenaba a la hoguera a los seguidores, de J. Wyclif. León X condenó la siguiente proposición extraída de los escritos de M. Lutero: «El quemar herejes va contra la voluntad del Espíritu» (V. Denz. 1483).

También respecto a estos principios, el giro de la «Nueva Moral» ha sido realmente copernicano. Se insiste, con razón, en que, en vez de un contraste de «efectos», ha de pensarse en un contraste de «valores», con lo que, por ejemplo, la extirpación del feto siempre que sea necesario para conservar la vida de la madre no ofrece ningún problema. Sin embargo, la relativización de la ética, al hablar de aborto, de masturbación, de divorcio, etc., es también manifiesta y no aceptable para un cristiano.[17]

CUESTIONARIO:

1. ¿En qué consistía principalmente la Moral católica, como sistema teológico, hasta hace pocos años? 2. ¿Cuál es el rumbo de la moderna Teología Moral católico-romana? 3. ¿A qué se llama «probabilismo» y en qué otros principios se funda? 4. ¿En qué consiste el principio de la «grave incomodidad»? 5. ¿Cuál es a este respecto el giro de la moderna Moral católica? 6. ¿En qué consiste el principio del «doble efecto»? 7. ¿Y el principio del mal menor? 8. ¿Qué encontramos de aceptable y de no aceptable para un cristiano evangélico en la nueva visión de la Moral católica respecto a los valores éticos?

---

17. V. lo que dicen Ch. E. Curran y C. Van der Pöl, en *¿Principios Absolutos en Teología Moral?*, pp. 112-113, 122-135, 185-211, etc.

LECCION 41.ª

ALGUNOS PUNTOS PARTICULARES DE MORAL

1. Reserva mental

Según la Moral católico-romana tradicional, una mentira es, según su propia especie, siempre pecado *venial*, por lo cual no es lícito decir una mentira ni siquiera para salvar la vida a un inocente. En cambio, es completamente lícito —decían— usar la llamada «reserva mental», con tal de que exista para el interlocutor avisado una clave, al menos remota, para descifrar el sentido oculto de la expresión. Por ejemplo, un médico o un confesor llamados a testificar ante un tribunal sobre algo que cae dentro de sus respectivos secretos profesionales, pueden decir: «no lo sé», significando: «no lo sé con ciencia comunicable». También la rutina social ha introducido, en boca de amas y criadas, la expresión: «el señor no está en casa», sobreentendiéndose que «no está para recibir visitas». Igualmente, un reo citado a confesar ante un tribunal, puede negar su culpabilidad, con el sentido de que su culpabilidad no está suficientemente demostrada. Según la Moral católica tradicional, todas estas «reservas mentales» pueden confirmarse con juramento.[18] Por otra parte, el·Código de Derecho Canónico, canon 1320, concede al Papa la facultad de dispensar de la obligación contraída por cualquier voto o juramento.

La «Nueva Moral» corta por lo sano el nudo gordiano que parecía presentar el principio de la universal ilicitud de

---

18. V. H. Jone, o.c., pp. 249-250.

la mentira, distinguiendo entre «mentira» y «falsedad» y asegurando que la primera implica el deber que nuestro interlocutor tiene a saber la verdad; por lo que la falsedad, como ocultación de la verdad a quien no tiene derecho a saberla, es algo perfectamente lícito.[19]

2. Oculta compensación

He aquí otro principio sumamente práctico: si un criado u obrero juzga que no se le paga suficientemente y piensa que no hay posibilidad moral de obtener un aumento de sueldo sin crearse graves problemas, puede compensarse ocultamente, no sólo trabajando menos, sino también sustrayendo de los bienes del amo o empresario.[20] También se puede robar la cantidad de dinero o de bienes necesaria para salir de una extrema necesidad, e incluso de una grave necesidad.[21]

3. Codicia «moderada»

Según la misma Moral católica tradicional, algo tan capitalmente pecaminoso como la «codicia»,[22] es tenido por pecado *venial*.[23] Lo mismo digamos acerca de un robo o perjuicio, cuyo precio no llegue a la cantidad correspondiente al salario de un día del sujeto robado o perjudicado. Si se trata de una persona cuya renta diaria exceda de 100 pesetas oro, o sea, de unas 2.000 pesetas actuales, sería pecado

19. Contra esto podríamos citar la notoria ilicitud y tristes consecuencias que, a la luz del Libro 1 de Samuel, tuvieron las mentiras de David en la época en que era perseguido por Saúl.
20. V. H. Jone, o.c., pp. 222-223.
21. V. H. Jone, o.c., p. 222. Otro caso típico es: si alguien se encuentra en posesión «de buena fe» de algo perteneciente a uno o varios desconocidos, debería darlo a los pobres; pero, si él mismo es pobre, puede guardárselo.
22. V. por ejemplo, Rom. 1:29; Colos. 3:5.
23. V. H. Jone, o.c., p. 56.

venial el robarle o perjudicarle en algo que no sobrepasase las 2.000 pesetas aludidas.[24]

4. El «Indice de libros prohibidos»

Durante varios siglos ha estado vigente en la Iglesia de Roma la prohibición de leer ciertos libros, cuya lista oficial constituía el llamado «Indice de libros prohibidos». Según el Código de Derecho Canónico, los libros prohibidos no podían bajo pena de excomunión, publicarse, leerse, retenerse, venderse, comprarse, traducirse o prestarse, a no ser con la debida licencia o permiso (canon 1398). La ley eclesiástica no incluía en esta prohibición el *escuchar* a uno que leyese, etcétera.[25]

Entre los libros prohibidos por el Derecho Canónico estaban:

A) Todas las ediciones de la Biblia publicadas por no-católicos.

B) Los libros que de algún modo defienden la «herejía» o el «cisma».

C) Los libros que atacan o ridiculizan los dogmas católico-romanos, o defienden doctrinas contrarias a las de Roma.[26]

D) El canon 2318 engloba en la misma prohibición y excomunión, junto con los dichos, los libros proscritos por su propio nombre, por «Cartas Apostólicas», es decir, por documentos oficiales del Papa.

Tras el Vaticano II, la «Congregación del Santo Oficio» (anteriormente «Santo Tribunal de la Inquisición», y ahora «Congregación de la Doctrina de la Fe»), ha abolido el «Indice de libros prohibidos», dejando a la conciencia del lector

---

24. V. H. Jone, o.c., pp. 217-222.
25. Es curioso constatar que, según Rom. 10:17, «la fe viene por el *oír*...»..
26. V. H. Jone, o.c., pp. 271-273.

el juzgar sobre el peligro que la lectura de un libro determinado pueda ocasionarle. Este es un paso importante en el camino de la mutua información, así como del sano ecumenismo. Sin necesidad de incurrir en la clase de proselitismo que la Ley sobre libertad religiosa, de 1967, proscribe, se puede hacer una gran labor de evangelización a través de literatura evangélica, que una mayoría creciente de católicos están dispuestos a aceptar y leer con interés, sabiendo que ya no pesa sobre ellos el antes temido *anatema*.

5. La Iglesia de Roma y la libertad religiosa

Y ya que hemos mencionado este tema de la libertad religiosa, vamos a decir unas breves palabras acerca de él, terminando con ello estas lecciones sobre Catolicismo Romano.

Siempre que se acusa a la Iglesia de Roma de haber perseguido a muerte a los disidentes doctrinales, etc., no se puede olvidar que este hecho lamentable no es exclusivo de ella, aunque sea más notorio por su más larga historia de «Iglesia oficial». En realidad, todas las «iglesias oficiales» de cualquier denominación, han sido, en mayor o menor grado, intolerantes y perseguidoras. La diferencia puede estar en la mayor o menor aceptación y confesión de la propia culpabilidad. ¿En cuántos contextos se ha cumplido la palabra del Señor «viene la hora cuando cualquiera que os mate, pensará que rinde servicio a Dios» (Juan 16:2)?

Las modernas corrientes de cultura y tolerancia han permeado los estratos religiosos y, también, los de la Iglesia de Roma, aunque no sin lucha. Así, uno de los más debatidos documentos del Vaticano II fue la *Declaración sobre la Libertad Religiosa*. La consideración de la dignidad de la persona humana fue un factor decisivo en dicha declaración.[27] Sin embargo, para evitar confusiones doctrinales, siempre peligrosas, bueno será hacer dos observaciones respecto a tal documento conciliar:

---

27. V. el p.º 2 de dicha *Declaración*.

A) Dentro de la línea progresiva tomada por la Iglesia de Roma en el decurso de un siglo, es notoria la diferencia entre el «Syllabus» de Pío IX en 1864 y el aludido documento del Vaticano II en 1965. La diferencia es más notable en los aspectos relativos al poder temporal de la Iglesia y a la condición de los no-católicos en un Estado de preponderancia católica (V. Denz. 2975-2978). Pero esto no significa *todavía* que el Papa haya renunciado a sus derechos a intervenir en todos los asuntos mundiales relacionados con la religión o la moral, ni que los Estados confesionalmente católicos hayan retirado su protección especial a la religión católico-romana.

B) El ala conservadora del Vaticano II se oponía al documento por ver en él una especie de aceptación de la siguiente proposición del «Syllabus», condenada por Pío IX: «Todo hombre es libre para abrazar y profesar la religión que, a la luz de su razón, le pareciere la verdadera» (Denz. 2915). Sin embargo, el documento del Vaticano II no tiene nada que ver con la citada proposición del «Syllabus». En realidad, el Vaticano II ha dejado bien claro que el objetivo suyo no era retirar la enseñanza de que la Iglesia de Roma es la única Iglesia de Cristo o afirmar que alguien tenga derecho ante Dios para profesar otra religión que no sea la católica (puesto que la «buena fe» es para Roma la única excusa que tienen para escapar de la perdición los que no pertenecen a su redil), sino sólo el declarar que «todos los hombres deben estar inmunes de coacción..., de tal manera que en materia religiosa no se obligue a nadie a obrar contra su conciencia». Por tanto, el Vaticano II sólo se ha ocupado de *los derechos de todo ser humano a la libertad civil en materia religiosa, no a la libertad religiosa para profesar otra religión que no sea la católico-romana.*

Como fácilmente puede imaginarse, hemos tratado en estas dos lecciones últimas sólo de algunos principios y aspectos más salientes de la Moral católica, en los que discrepamos más o menos. Ni que decir tiene que, así como en la

Dogmática, también en la Moral tenemos muchos puntos de coincidencia.

CUESTIONARIO:

1. ¿Qué enseñan, tanto la Moral tradicional, como la moderna, de la Iglesia de Roma acerca de la mentira y de la reserva mental?   2. ¿Qué se ha venido enseñando en la Moral católica acerca de la oculta compensación?   3. ¿Y acerca de la «codicia»?   4. ¿Qué era el «Indice de libros prohibidos» y cuál es la disciplina al respecto, después del Vaticano II? 5. ¿Qué avatares ha seguido la libertad religiosa a lo largo de los siglos?   6. ¿Cuál es la enseñanza, tanto del «Syllabus» de Pío IX como del Vaticano II sobre libertad religiosa?

APENDICE

BREVES NORMAS PARA EL DIALOGO
CON CATOLICO-ROMANOS

Este volumen quedaría incompleto sin un pequeño resumen de normas prácticas para el diálogo con miembros de la Iglesia de Roma. No basta con poseer la información que este libro (y cualquier otro sobre la misma materia) haya podido suministrar acerca del Catolicismo Romano, si no se emplea un método correcto y fructífero en el contacto normal o el diálogo caritativamente polémico con los miembros de otras confesiones religiosas y, concretamente aquí, con la católica-romana. Las normas siguientes pueden servir de orientación, no de código rígido:

A) Cuando un evangélico se acerca a un católico-romano, lo mismo que a un inconverso (cualquiera que sea su afiliación religiosa nominal), lo primero que ha de tener en cuenta es que su palabra y su testimonio no deben estar dirigidos a captar prosélitos para el «Protestantismo», sino a ser instrumentos del Espíritu en la gran tarea de la salvación de las almas, o sea, en la formación de verdaderos *cristianos*. En otras palabras: no se trata de persuadir a nadie para que «cambie de religión», sino en estimular a entrar en contacto personal, salvífico, con Jesucristo.

B) Por eso, resulta imprudente y peligroso (más aún, contraproducente) iniciar el diálogo con una controversia sobre aspectos eclesiales o sacramentales o marianos, etc. que pueden afectar en lo más vivo a un católico devoto y sincero.

C) Con la Biblia o el Nuevo Testamento en la mano, señálense inmediatamente los puntos principales del Evangelio de la salvación: fe, arrepentimiento, justificación por la fe, salvación de pura gracia, el papel único de Jesucristo como Mediador entre Dios y los hombres y Salvador suficiente y personal de todo el que le recibe en su vida. Muéstrensele textos como Juan 1:12; 3:3 ss.; 14:6; Hechos 2:37 ss.; 4:12; Romanos 3:23 ss.; 5:1-2; 1.ª Corintios 3:10 ss.; Efesios 2:8-10, etcétera.

D) Explíquensele los pasajes claros del Nuevo Testamento acerca de la seguridad de la salvación para todo creyente verdadero, como son Juan 10:28-29; Romanos 8:32-39; Filipenses 1:6; Hebreos 13:5; 1.ª Pedro 1:3-5; 1.ª Juan 2:19; 5:13. Cuando una persona ha llegado a convencerse de lo que implican los pasajes citados tanto aquí como en el párrafo anterior, es ya evangélico en su corazón, aunque todavía encuentre algunas dificultades en puntos periféricos.

E) Tres puntos importantes, dignos de señalarse en una ulterior controversia, son: a) la identificación que 1.ª Pedro 2:9-10; 5:3 (V. el texto griego) establece entre el «laós» o *Pueblo de Dios,* y el «klerós» o *heredades de Dios* que han de ser apacentadas por los pastores; lo cual muestra claramente que la diferencia entre «clérigos» y «laicos» no tiene fundamento bíblico; b) el nombre técnico griego para *sacerdote* («hiereús») sólo se aplica en la Nueva Alianza a *Jesucristo.* Ningún otro ministro de la Iglesia es jamás llamado por ese nombre en el Nuevo Testamento; c) hay en Hebreos pasajes tan importantes como 10:10-22, que nos convencen de la *unicidad* irrepetible del sacrificio de Cristo en el Calvario, de modo que la que los católicos llaman «Misa» y nosotros «Cena del Señor» sólo tiene sentido correcto como «algo que se hace por obediencia a Cristo, para anunciar su muerte, en recuerdo de El, hasta que venga». (V. 1.ª Corintios 11:25-26.)

F) No se debe argüir desde bases filosóficas o científica, sino sólo desde *la palabra de Dios.* Nuestro diálogo evangelizador y ecuménico no debe basarse en argumentos, sino en el testimonio personal: «Ven y ve» (Juan 1:39-46; 4:29)

G) El mayor obstáculo para persuadir a un católico-romano suele ser el concepto de *unidad* de la Iglesia, en el que todavía diferimos, aunque se apuntan corrientes de una progresiva convergencia. Es preciso conocer bien pasajes como Juan 17:21; Romanos 12; 1.ª Corintios 12; Efesios 4, para hablar correcta y provechosamente sobre *unidad* y *Ecumenismo*.[1]

H) «Seguir la verdad en amor» (Efesios 4:15) y orar para que el Espíritu Santo ilumine las mentes y mueva las voluntades de unos y de otros para salvación, mediante un reavivamiento de la fe y del amor, y la producción de una auténtica y constante «metánoia» (arrepentimiento sincero de base bíblica), es la norma indispensable, sin la cual todos los esfuerzos humanos serán baldíos.

---

1. El concepto de «iglesia» y, consiguientemente, de «unidad de la Iglesia» es clave hoy, hasta tal punto que una incorrecta comprensión del mismo puede convertir en inoperante todo lo que un católico sincero puede admitir tocante a los puntos c) y d) los cuales quedan absorbidos y diluidos por el tradicional concepto romano de Iglesia. Recomendamos el estudio del vol. 6 de esta colección, dedicado a «La Iglesia».

BIBLIOGRAFIA

Aguirre, Aranguren, Sacristán y otros, *Cristianos y Marxistas* (Madrid, Alianza Editorial, 1969).

A New Catechism. Catholic Faith for Adults. (London, Burns & Oates, Herder and Herder, 1967). Hay edición castellana —y catalana— de Herder, Barcelona.

L. Berkhof, *Systematic Theology* (London, Banner of Truth, 1963). Hay edición castellana.

C. Brown, *Philosophy and the Christian Faith* (London, Tyndale Press, 1969).

H. Bürki, *El Cristiano y el Mundo* (Ediciones Evangélicas Europeas, Barcelona, 1971).

D. J. Callahan y otros, editores de *Christianity Divided* (London, Sheed & Ward, 1962).

J. Calvino, *Institutes of the Christian Religion,* 2 vol. (London, J. Clarke & Co., 1962). Hay edición castellana.

J. B. Carol, *Mariología* (Madrid, B. A. C.).

Catechism of the Council of Trent (London, Herder, 1934). Hay edición bilingüe (latín y castellano) en la B. A. C.

Código de Derecho Canónico (Madrid, B. A. C.). Edición bilingüe (latín y castellano).

Concilio Vaticano II. Constituciones. Decretos. Declaraciones. (Madrid, B. A. C.). Ed. bilingüe (latín y castellano).

Ch. Curran, *¿Principios Absolutos en Teología Moral?* (Santander, Sal Terrae, 1970).

Denzinger - Schönmetzer, *Enchiridion Symbolorum,* etc. (Barcelona-Herder, 1963). Hay edición castellana en Herder, Barcelona.

P. Fannon, *La Faz Cambiante de la Teología* (Santander, Sal Terrae, 1970).

M. Fernández. *¿Tu Camino de Damasco?* (Estella, Verbo Divino, 1963).

J. Gonzaga, *Concilios,* 2 vol. (Gran Rapids, 1965).

J. Grau, *El Fundamento Apostólico* (Barcelona, Ediciones Evangélicas Europeas, 1966).

H. Jone, *Moral Theology* (Trad. & adapt. by U. Adelman, Maryland, U.S.A., The Newman Press, 1963).

H. Küng, *The Church* (Transl. by R. and R. Ockenden, London, Burns & Oates, 1968).

F. Lacueva, *Mi Camino de Damasco,* 2.ª edic. (The Power House, Westcliff-on-Sea, 1970).

J. M. Martínez y J. Grau, *Iglesia, Sociedad y Etica cristiana* (Ediciones Evangélicas Europeas, Barcelona, 1971).

L. Ott, *Fundamentals of Catholic Dogma* (Cork, The Mercier Press, 1966). Hay edición castellana en Barcelona, Herder.

Rouet de Journel, *Enchiridion Patristicum* (Barcelona, Herder, 1959).

K. Runia, *Reformation Today.* Banner of Truth, 1968.

E. Schillebeeckx, *Revelación y Teología* (Trad. de A. Ortiz, Salamanca, Sígueme, 1968).

F. Simons, *Infalibilidad y Evidencia* (Trad. de J. C. Bruguer, Barcelona, 1970).

V. Subilia, *Il Problema del Cattolicesimo* (Torino, Libreria Editrice Claudiana, 1962).

V. Subilia, *La nuova cattolicità del Cattolicesimo* (Torino, Editrice Claudiana, 1967). Hay edición castellana (Salamanca, Sígueme).

Tomás de Aquino, *Summa Theologica,* 5 vol. en latín (B. A. C.). Hay también en la B. A. C. una edición bilingüe (latín y castellano), con introducciones y notas, etc., en 16 volúmenes.